改訂4版

Mental Health Management

メンタルヘルス・マネジメント®検定試験

重要ポイント&問題集

ラインケアコース
II種

日本メンタルヘルス講師認定協会
見波利幸、大濱弥太郎 著

JN073472

日本能率協会マネジメントセンター

本書の内容に関するお問い合わせについて

平素は日本能率協会マネジメントセンターの書籍をご利用いただき、ありがとうございます。
弊社では、皆様からのお問い合わせへ適切に対応させていただくため、以下①〜④のようにご案内いたしております。

①お問い合わせ前のご案内について

現在刊行している書籍において、すでに判明している追加・訂正情報を、弊社の下記 Web サイトでご案内しておりますのでご確認ください。

http://www.jmam.co.jp/pub/additional/

②ご質問いただく方法について

①をご覧いただきましても解決しなかった場合には、お手数ですが弊社 Web サイトの「お問い合わせフォーム」をご利用ください。ご利用の際はメールアドレスが必要となります。

https://www.jmam.co.jp/inquiry/form.php

なお、インターネットをご利用ではない場合は、郵便にて下記の宛先までお問い合わせください。電話、FAX でのご質問はお受けいたしておりません。
〈住所〉 〒103-6009　東京都中央区日本橋 2-7-1　東京日本橋タワー 9F
〈宛先〉 ㈱日本能率協会マネジメントセンター　出版事業本部　出版部

③回答について

回答は、ご質問いただいた方法によってご返事申し上げます。ご質問の内容によっては弊社での検証や、さらに外部へお問い合わせすることがございますので、その場合にはお時間をいただきます。

④ご質問の内容について

おそれいりますが、本書の内容に無関係あるいは内容を超えた事柄、お尋ねの際に記述箇所を特定されないもの、読者固有の環境に起因する問題などのご質問にはお答えできません。資格・検定そのものや試験制度等に関する情報は、各運営団体へお問い合わせください。
また、著者・出版社のいずれも、本書のご利用に対して何らかの保証をするものではなく、本書をお使いの結果について責任を負いかねます。予めご了承ください。

はじめに

　今、企業では、メンタルヘルスに向けた取り組みが急務になっています。筆者は、「メンタルヘルス・マネジメント検定試験対策講座」（Ⅰ種・Ⅱ種・Ⅲ種）などを開催していますが、最近、参加する人から、「心の病を抱えている社員が増えている」「心の病による休職者が増えている」という話をよく聞きます。また、企業や大学からも「社員や職員に心の病による問題が増えているので、メンタルヘルスに関する研修をしてほしい」という依頼も増えています。

　職場でのストレスが年々増大している現状において、「心の病」が増加傾向であることを実感している人も多いのではないでしょうか。こうしたなか、2006年10月、大阪商工会議所主催の第1回「メンタルヘルス・マネジメント検定試験」Ⅰ種・Ⅱ種・Ⅲ種が実施されました。検定試験も回数を重ねるごとに難易度が増す傾向にあります。

　本書は、公式テキストや試験問題に見られる学術的な言い回しを簡潔に整理しています。また、章末に実際の過去問題から選んだ確認問題を豊富に入れ、最終章に予想模擬問題も1回分載せています。数多くの問題に触れることができますので、Ⅱ種検定試験の傾向をつかみ、重要ポイントを押さえることができます。

　また、2021年7月に公式テキストが改訂（第5版）され、その改訂版に準拠した対策書として、本書も本文部分を全面的に見直し、各章末の過去問題および予想模擬問題も全体の改訂を行いました。検定試験への合格を確実なものとし、さらに、学習を通じて得た知識を自分と職場のために役立てるために、本書を活用していただくことを祈念しています。

　2021年8月

見波　利幸

『改訂4版 メンタルヘルス・マネジメント検定試験Ⅱ種(ラインケアコース) 重要ポイント&問題集』
目次

第1章　メンタルヘルスケアの意義と管理監督者の役割

第6章　社内外資源との連携と従業員のプライバシーへの配慮

第7章　心の健康問題をもつ復職者への支援の方法

第8章　メンタルヘルス・マネジメント検定試験Ⅱ種模擬問題と解答・解説

メンタルヘルス・マネジメント検定試験の概要

メンタルヘルス・マネジメント検定試験とは

　大阪商工会議所および施行商工会議所によって実施され、対象別に３つのコースが設けられています。

コース	I種 （マスターコース）	II種 （ラインケアコース）	III種 （セルフケアコース）
対象	人事労務管理スタッフ・経営幹部	管理監督者 （管理職）	一般社員
目的	社内のメンタルヘルス対策の推進	部門内、上司としての部下のメンタルヘルス対策の推進	組織における従業員自らのメンタルヘルス対策の推進
受験料（税込み）	11,550円	7,480円	5,280円
受験資格	学歴・年齢・性別・国籍に制限はありません。		

※統一日に指定会場（札幌、仙台、新潟、さいたま、千葉、東京、横浜、浜松、名古屋、京都、大阪、神戸、広島、高松、福岡）で実施。

メンタルヘルス・マネジメント検定試験の実施方法

「公開試験」と「団体特別試験」の２形式があります。

公開試験

　I種は年１回、II種・III種は年２回、統一日に指定会場で開催されます。申込方法は以下のとおりです。

インターネットでの申込み

　メンタルヘルス・マネジメント検定試験センターの公式サイトから申込みができます。

　企業、団体、学校が所属する従業員・職員、学生を対象に、メンタルヘルスケアに関する教育・研修の一環として実施する試験方法です。対象コースはⅡ種とⅢ種です。詳しくは、受験案内パンフレットや、メンタルヘルス・マネジメント検定試験センターの公式サイトに紹介されています。

公開試験の受験者数と合格率

　メンタルヘルス・マネジメント検定試験センター公式サイトによると、2020 年度の試験結果は、以下のとおりです。

〈第29回〉2020年11月1日（日）実施

コース	受験者 (人)	実受験者 (人)	合格者数 (人)	合格率 (%)
Ⅰ種（マスターコース）	1,571	1,276	272	21.3
Ⅱ種（ラインケアコース）	11,294	10,343	5,840	56.5
Ⅲ種（セルフケアコース）	5,516	5,046	4,361	86.4

〈第30回〉2021年3月21日（日）実施

コース	受験者 (人)	実受験者 (人)	合格者数 (人)	合格率 (%)
Ⅱ種（ラインケアコース）	12,113	10,686	7,285	68.2
Ⅲ種（セルフケアコース）	5,661	5,051	4,135	81.9

検定試験に関する情報、および問合せ先

●メンタルヘルス・マネジメント検定試験センター

［公式サイト］https://www.mental-health.ne.jp/

［TEL］06-6944-6141（土日・祝日・年末年始を除く 10：00 ～ 17：00）

［Mail］info@mental-health.ne.jp

II種(ラインケアコース)試験の対策ポイント

II種(ラインケアコース)試験の出題内容

II種試験の到達目標は、「部下が不調に陥らないよう普段から配慮するとともに、部下に不調が見受けられた場合には、安全配慮義務に則った対応を行うことができる」こととされています。

主な出題内容

①メンタルヘルスケアの意義と管理監督者の役割

②ストレスおよびメンタルヘルスに関する基礎知識

③職場環境等の評価および改善の方法

④個々の労働者への配慮

⑤労働者からの相談の方法(話の聴き方、情報提供および助言の方法等)

⑥社内外資源との連携

⑦心の健康問題をもつ復職者への支援の方法

出題範囲

試験では、大阪商工会議所から発行されている公式テキストの内容と、公式テキストを理解したうえでの応用力が問われます。たとえば、公式テキストに記載されている統計調査について、発刊後の最新の結果(公表済みのもの)が出題されることなどもあります。

出題形式

II種試験は、マークシート方式で行われます。以下のような形式で出題されています。

・4肢のうち不適切な(または適切な)選択肢を1肢選択

・4肢の文章のうち適切なものを○、不適切なものを×として、○×を組み合わせた正しい選択肢を1肢選択

・短い文章の空白部分に当てはまる用語または数値を選択

制限時間	2時間
配点:合格基準	100点:70点以上の得点

Ⅱ種(ラインケアコース)の出題傾向と対策

　Ⅱ種試験の合格率は、40〜60％台で推移しています。試験の難易度は増しており、より詳細な部分も押さえ、よりいっそうの応用力が必要となります。

　そのためには、公式テキストによる学習と本書によるポイントを確実に押さえることが効果的な学習となります。

出題の特徴

　基本や重要ポイント、関連するキーワード、付随する詳細項目、数字、背景要因、考え方などから多く出題されています。

　また、それらを理解したうえでの応用力が試されます。近年の傾向としては、文章表現に応用が加えられていたり、事例を通じて知識を応用させる出題が増えています。

　今後も、いかに基本や重要ポイント、および関連した内容を理解し、応用力を発揮できるかが重要になるでしょう。

学習のポイント

　公式テキストを一読すれば、試験範囲を把握しラインケアに必要な考えや役割・義務などを全体的に理解することができます。本書では、重要事項やポイントを確実に押さえて、知識の整理が図れます。

　本書の章末には、実際に出題された過去問題の選択肢を分解し、○×形式でチェックできる確認問題を豊富に載せています。あやふやな知識がないかを確認し、解説をしっかり理解することで、知識の定着を図ります（設問の文章で、どこが不適切であるのか正確に把握できるように下線で示しています）。

　すべての過去問題に対して、正解がわかり、間違いを正しく指摘できるようになりましたら、本書の最終章の模擬問題で実力を試してみてください。90％以上の得点が得られればかなりの実力といえます。さらに、すべての設問で適切・不適切を正確に指摘できるように、本文と過去問題を適宜振り返って実力を高めてください。

第 1 章

メンタルヘルスケアの意義と管理監督者の役割

1 従業員のストレス

学習の
ポイント 労働者のストレスや心の健康問題の現状を認識することは、ラインケアを実施していく管理監督者にとっては非常に重要です。

1 従業員のストレスの現状を理解しよう

● 過半数が仕事や職業生活に関するストレスを抱えている

厚生労働省が行っている調査に、「労働安全衛生調査」があります。その中で、「仕事や職業生活に関する強い不安、悩み、ストレスがある」と回答した労働者の割合は、2018年の調査では58.0％でした。就業形態別の回答割合は、正社員61.3％、契約社員55.8％、パートタイム労働者39.0％、派遣労働者59.4％です。

「仕事や職業生活に関する強い不安、悩み、ストレス」の原因は、男女ともに、「仕事の質・量」が59.4％で1位であり、次いで男性では「仕事の失敗、責任の発生等」36.2％、「対人関係（ハラスメント含）」29.9％となり、女性では「対人関係（ハラスメント含）」33.2％、「仕事の失敗、責任の発生等」30.9％となっています。

その他、男性では「役割・地位の変化等」、女性では「雇用の安定性」が多く回答されています。

● 相談ができる相手がいる割合は女性のほうがやや高い

仕事や職業生活に関する強い不安、悩み、ストレスがある労働者に対する「相談状況」についての調査では、相談できる相手がいるのは、男性では91.2％、女性では94.9％でした。

相談する相手の内訳は、男性では「上司・同僚」、女性では「家族・友人」が1位になっています。

その他にも、調査の結果の特徴として、次のことがあげられます。

・「相談できる相手がいる」割合は、**年齢が高くなるほど低い傾向**になっている。

●仕事・余暇の両立志向が増加している

NHK放送文化研究所が5年おきに行っている調査に、「日本人の意識調査」があります。2018年の調査結果では、1970年代から80年代にかけて「仕事志向」が減少し、「仕事・余暇の両方志向」が増大しましたが、90年代以降は大幅な変化はなく推移しています。

人間関係について、「なにかにつけ相談したり、たすけ合えるようなつきあい（全面的なつきあい）」を望む割合は、最多ですが減少傾向にあります。「仕事に直接関係する範囲のつきあい（形式的なつきあい）」が増加しています。

また、理想の仕事は「仲間と楽しく働ける仕事」が最多で、次いで「健康を損なう心配がない仕事」「専門知識や特技が生かせる仕事」が高率になっています。

2 メンタルヘルスケアの意義と重要性を理解しよう

●心の健康問題を抱える労働者が増加している

2018年の「労働安全衛生調査」では、過去1年間にメンタルヘルス不調により連続1か月以上休職した労働者がいる事業所の割合は6.7％（50人以上の事業所では26.4％）、退職した労働者がいると回答した事業所は5.8％（50人以上の事業所では14.6％）でした。

●五大疾病

・2011年に厚生労働省は職場のうつ病や高齢化に伴う認知症の増加により、地域医療の基本方針となる医療計画に盛り込む疾病として、がん、脳卒中、急性心筋梗塞、糖尿病に**精神疾患**を加え、「**五大疾病**」とする方針を打ち出した。

●1998年以降、自殺者数が急増している

　警察庁の発表では、1998年に自殺者が急増し、1998年以降、2011年まで14年連続して3万人を超えています。

　被雇用者・勤め人では高値が続いており、2019年では6,202人でした。

●自殺の原因

・自殺は**さまざまな原因**からなる複雑な現象

　⇒単一の原因だけで説明できない。

・自殺直前に**精神健康面の不調**や**心の病**がみられる例が多い。

●政府による対策

・2006年「自殺対策基本法」が制定された。

・2007年「自殺総合対策大綱」が策定された。

●メンタルヘルスは従業員個人の問題ではない

　心の病を発症すると、職場全体に次のような影響を及ぼします。

・作業効率が低下する。

・長期にわたる休業が必要になることもある。

・周囲の負担が増え、チーム全体の成果が低減する。

　また、ストレス対策を効果的に行うことで、職場の活性化や業務効率

の向上にもつながります。

●**企業の問題の側面**

・**民事訴訟**において従業員の心の健康問題に対する**企業の責任**が追及される。

⇒企業側での防止が必要（リスクマネジメント）

・**労災認定が増加**している。

●**メンタルヘルス対策に取り組む企業が増加**

・2018年「労働安全衛生調査」の結果

⇒メンタルヘルス対策に取り組んでいる事業所の割合は**59.2%**。この5年ほどはほぼ横ばいを続けている。

⇒実施内容の上位

①労働者のストレスの状況などについて調査票を用いての調査（ストレスチェック）（62.9%）

②労働者への教育研修・情報提供（56.3%）

③事業所内での相談対応の体制整備（42.5%）

④健康診断後の保健指導におけるメンタルヘルスケアの実施（36.3%）

・2019年「公益財団法人日本生産性本部」の調査

⇒最近3年間で企業内の「心の病」が増加傾向と32.0%の企業が回答している。「心の病」が多い年齢層は、30歳代、次いで10〜20歳代だった。

・2004年「社会経済生産性本部」の調査

⇒管理監督者の活動に力を入れている企業では、精神面の不調者の増加への抑止効果がみられる。

2 法制面での意義

学習の ポイント　メンタルヘルス対策を実施する際に、法制面での解釈の理解が必要となります。労働安全衛生法と安全配慮義務、労働災害の認定と民事訴訟、厚生労働省から出されている指針などの理解が必要です。

1 労働安全衛生法と安全配慮義務を理解しよう

　従業員（労働者）の健康管理問題に関する公法的規制として、労働安全衛生法があります。労働安全衛生法は**最低の労働条件基準**を定める取締法規で、違反した場合は**一定の範囲で刑事罰の対象**になります。

　しかし、企業（事業者）が労働安全衛生法上の諸規定を遵守していても、民法やその特別法である労働契約法に基づき、**安全配慮義務違反と**して**民事上の損害賠償責任**を問われる可能性があります。

　従業員と接し健康状態を**把握**し、作業内容や作業量を**調整できる立場**にある管理監督者の役割は、特に重要です。

重要ポイント

●**安全配慮義務と労働契約法**
　安全配慮義務という概念は、従来は法律上明文の定めがなく、判例法理として認められてきたものであった。しかし、2008 年 3 月から施行された「**労働契約法**」によって、**労働者の安全への配慮**が明記された。
●**労働契約法第 5 条（労働者の安全への配慮）**
　「**使用者は、労働契約に伴い、労働者がその生命、身体等の安全を確保しつつ労働することができるよう、必要な配慮をするものとする**」
　※厚生労働省の通達より、『「生命、身体等の安全」には、心身の健康も含まれるものである』とされている。

● **企業が民事上の損害賠償責任を負う根拠**
・**不法行為責任**⇒故意や過失によって生じた損害への賠償
・**契約責任**⇒債務者の債務不履行による損害（**安全配慮義務違反**）
　　　　　　　　への賠償
● **安全配慮義務の考え方**
・企業⇒安全配慮義務を負担する。
・**管理監督者**⇒実際に義務を**履行する。**

2　労働災害の認定と民事訴訟を理解しよう

　労働基準監督署長により、次の2つの**存在が認められる**と労災認定され、労働者災害補償保険法に基づいて**保険給付**が行われます。
・**業務遂行性**……企業の支配または管理下で行われたこと
・**業務起因性**……業務に伴う危険が現実化したと認められること
　近年、セクシュアルハラスメント（セクハラ）、パワーハラスメント（パワハラ）、マタニティハラスメント（マタハラ）の問題もみられます。
　セクハラについては、セクハラの内容・程度、その継続する状況、会社の対応の有無・内容、改善の状況、職場の人間関係等を踏まえて判断されます。
〈職場のパワハラの定義〉
「職場において行われる①優越的な関係を背景とした言動であって、②業務上必要かつ相当な範囲を超えたものにより、③労働者の就業環境が害されるものであり、①から③までの3つの要素をすべて満たすものをいう。」
　労働基準法上の災害補償責任については、履行の確保を目的として、**労働者災害補償保険法（労災保険法）**が制定されています。労災保険法によって災害補償に相当する**給付**が行われた**場合**は、企業は補償の責めを**免れる**ことになります。

　業務に起因して従業員が負傷したり、疾病（しっぺい）にかかったり、または死亡することをいう。これらの従業員側に発生した損害を補うものとして、労働基準法上の災害補償責任と民事上の損害賠償責任がある。

重要ポイント

●**労災保険法に基づく保険給付**

・以下の支給が予定されている。

　①療養補償給付　②休業補償給付　③障害補償給付

　④遺族補償給付　⑤葬祭料　　　　⑥傷病補償年金給付

　⑦介護補償給付

⇒保険給付は企業に落ち度がなくても従業員に給付されるが、被った損害の一部に限られる。

●**民事上の損害賠償責任による補償**

　保険給付ではてん補されない部分では、特に慰謝料と逸失利益（いっしつ）（債務不履行等がなければ得たはずであった利益）が大きい。

⇒従業員から民事上の損害賠償請求訴訟が提起されることにもなる。

⇒労災保険法に基づく保険給付がされたときは、すでに給付された金額は、**損益相殺**の対象とされ、民事上の損害賠償請求訴訟において損害賠償額から控除される。

重要ポイント

●**ハラスメント関連問題**

　職場におけるハラスメントを原因とする精神障害の発症が社会問題になっている。代表的な職場のハラスメントには、**セクハラ**（セクシュアルハラスメント）、**パワハラ**（パワーハラスメント）、**マタハラ**（マタニティハラスメント）がある。

・セクハラ

⇒1999年改正の男女雇用機会均等法で事業主の配慮義務が明文化。

「職場において行われる性的な言動に対する女性労働者の対応により当該女性労働者がその労働条件につき**不利益を受け**（いわゆる対価型セクハラ）、又は当該性的な言動により当該女性労働者の**就業環境が害される**こと（いわゆる環境型セクハラ）」を防止する。

⇒2007年同法改正で男女の区別をなくし**配慮義務**から**措置義務**に。

⇒措置義務としての規定

「当該労働者からの相談に応じ、適切に対応するために必要な体制の整備その他の雇用管理上必要な措置を講じなければならない」

・**パワハラの6つの行為類型**

①暴行・傷害（身体的な攻撃）

②脅迫・名誉棄損・侮辱・ひどい暴言（精神的な攻撃）

③隔離・仲間外し・無視（人間関係からの切り離し）

④業務上明らかに不要なことや遂行不可能なことの強制、仕事の妨害（過大な要求）

⑤業務上の合理性がなく、能力や経験とかけ離れた程度の低い仕事を命じることや仕事を与えないこと（過小な要求）

⑥私的なことに過度に立ち入ること（個の侵害）

⇒パワハラを規制する法律として、2019年5月改正の労働施策総合推進法で明文化された。

・マタハラ

⇒セクハラと同様の**措置義務**が課せられている。

⇒セクハラとマタハラは、男女雇用機会均等法（および育児介護休業法）の他、特別な法律は存在せず、労働者の権利が侵害された場合は、民法や刑法等の一般法が適用される。

3 メンタルヘルスケアの推進

**学習の
ポイント**
メンタルヘルスケアを適切に進めるためには、基本的な考え方や具体的な進め方の理解が必要です。「労働者の心の健康の保持増進のための指針」の内容でもありますので、しっかり押さえておきましょう。

1 メンタルヘルスケアの基本的な考え方を理解しよう

　従業員自身がストレスに気づき、対処する**セルフケアの必要性を認識**することが心の健康づくりで重要となります。しかし、**従業員自身で取り除くことができないストレス要因**が職場に存在していますので、事業者の行うメンタルヘルスケアの推進が重要となります。

重要ポイント

●**メンタルヘルスケアを積極的に推進するための重要事項**

・経営トップによる積極的に推進する旨の**表明**

・**衛生委員会等**（衛生委員会または安全衛生委員会）での**調査審議**

・「セルフケア」「ラインによるケア」「事業場内産業保健スタッフ等によるケア」「事業場外資源によるケア」という**4つのケアの継続的かつ計画的な実施**

●**心の健康づくり計画の実施にあたって**

・ストレスチェック制度の活用や職場環境等の改善を通じて、メンタルヘルス不調を未然に防止する（一次予防）

・メンタルヘルス不調を早期に発見し、適切な措置を行う（二次予防）

・メンタルヘルス不調者への職場復帰等の支援を行う（三次予防）

図表1-1　メンタルヘルスケアの推進にあたっての留意事項

心の健康問題の特性

- 客観的な測定方法が十分確立していない。
- 心の健康問題の発生過程には個人差が大きい。
- 心の健康問題を抱える従業員に対して、心の健康以外の観点から評価が行われる傾向がある。
- 心の健康問題についての誤解や偏見がある。

すべての従業員に関わる問題。

個人情報の保護への配慮

- 従業員のプライバシーを保護する。
- 従業員の意思を尊重する。

従業員が安心して心の健康づくりに参加でき、効果的に推進されるための条件となる。

人事労務管理との関係

- 従業員の心の健康は、人事労務管理に関係する要因（職場配置、人事異動、職場の組織など）によって大きな影響を受ける。

メンタルヘルスケアは、人事労務管理と連携しなければ進まない場合が多い。

家庭・個人生活等の職場以外の問題

- 心の健康は、家庭・個人生活など職場外の問題の影響を受けている場合も多い。
- 性格上の要因なども、心の健康に影響を与える。

職場以外の問題が複雑に関係し、相互に影響し合う。

2　ラインによるケアの具体的な進め方を理解しよう

　ラインによるメンタルヘルスケアを進めるためには、以下の項目を実施していくことが必要です。

●管理監督者に教育研修・情報提供を行う

　管理監督者を含むすべての従業員に対して、**セルフケアを促進**するための教育研修・情報提供を行います。また、**ラインによるケアを促進す**るために、**管理監督者**に対して教育研修・情報提供を行います。

　厚生労働省による「労働者の心の健康の保持増進のための指針」では、4つのケアが適切に実施されるために、事業者に、メンタルヘルスケアの推進に関する教育研修・情報提供を行うよう努めることを求めています。

指針に掲げられる項目のうち、管理監督者への教育研修・情報提供の内容は、図表1-2のとおりです。

図表1-2　労働者および管理監督者への教育研修・情報提供の項目

管理監督者への教育研修・情報提供
①メンタルヘルスケアに関する事業場の方針
②職場でメンタルヘルスケアを行う意義
③ストレスおよびメンタルヘルスケアに関する基礎知識
④管理監督者の役割および心の健康問題に対する正しい態度
⑤職場環境等の評価および改善の方法
⑥労働者からの相談対応（話の聴き方、情報提供および助言の方法等）
⑦心の健康問題により休業した者の職場復帰への支援の方法
⑧事業場内産業保健スタッフ等との連携およびこれを通じた事業場外資源との連携の方法
⑨セルフケアの方法
⑩事業場内の相談先および事業場外資源に関する情報
⑪健康情報を含む労働者の個人情報の保護等

●職場環境等の把握と改善を行う

　職場レイアウト、作業方法、コミュニケーション、職場組織などの職場環境等の改善は、**労働者の心の健康の保持増進に効果的**であるとされています。事業者はメンタルヘルス不調の未然防止を図るために、積極的に職場環境等の改善に取り組む必要があります。

　また、具体的な問題点も把握します。

　・管理監督者による日常の職場管理や従業員からの**意見聴取**

　・ストレスチェック結果の**集団ごとの集計・分析結果**

　・**面接指導の結果**

　事業者は問題点を把握し、改善方法については衛生委員会等の調査審議を行わせ、様々な観点から職場環境等の改善を行います。

●メンタルヘルス不調への気づきを促し相談対応等を行う

　従業員による自発的な相談とセルフチェックを促進します。そのために、従業員**自ら相談**できるよう、必要な環境整備を行います。

　また、管理監督者、事業場内産業保健スタッフ等が、以下の従業員に対して相談対応等を行います。

- ・ストレスチェックの結果、面接指導が必要であると判定されたにもかかわらず申出を行わない従業員
- ・**長時間労働による疲労の蓄積**が認められる従業員
- ・**強度の心理的負荷を伴うできごと**（第4章第1節図表4-1・図表4-2参照）を体験した従業員
- ・その他、**個別に配慮を要する**従業員

　なお、従業員個人のメンタルヘルス不調を把握する際の留意点は、以下のとおりです。

- ・事業場内産業保健スタッフ等が従業員の心の健康に関する情報を把握した場合は、本人に結果を提供し、**本人の同意**を得て、事業者に対して**就業上の措置に必要な情報を提供**する。
- ・事業者は提供を受けた情報に基づいて**必要な配慮を行う**。
- ・ストレスチェック結果を含む情報を入手する場合は、**従業員本人の同意を得る**ことが必要。
- ・事業者は、ストレスチェックの情報を従業員の**健康確保上の配慮を行う以外の目的で使用してはならない。**

●心の健康に関する情報を理由とした不利益な取扱いの防止

　事業者が従業員の健康の確保に必要な範囲を超えて、以下のような不利益な取扱いを行ってはいけません。

- ・解雇、期間雇用者の契約更新拒否、退職勧奨
- ・不当な動機・目的をもってなされたと判断される配置転換、職位（役職）の変更
- ・その他の労働契約法等の労働関係法令の違反

4 過重労働による 健康障害の防止

**学習の
ポイント**
過重労働が健康障害に結び付くことと、事業者が行うべき対策について、理解することが必要です。特に「長時間労働者に対する面接指導」と、「過重労働による健康障害防止のための総合対策」は押さえておきましょう。

◎過重労働対策を理解しよう

2014年に制定された「過労死等防止対策推進法」では、過重な業務により、脳出血、くも膜下出血、脳梗塞などの脳血管疾患と心筋梗塞、狭心症などの虚血性心疾患等に加え、精神障害に罹患したり、これによって自殺に至ることを「過労死等」と定義されました。

●長時間労働者に対する面接指導（義務）

面接指導とは、医師が問診その他の方法により心身の状況を把握し、面接により必要な指導を行うことです。面接指導の対象は、法定労働時間（1週間あたり40時間）を超える時間外・休日労働が1月当たり80時間を超え、かつ疲労の蓄積が認められるものであって、面接指導の実施の申し出をした従業員です。（図表1-3）

図表1-3　時間外・休日労働時間に応じた面接指導の実施の基準

	時間外・休日労働時間（1か月当たり）	従業員自らの申し出	面接指導
一般労働者	80時間を超える	あり	確実に実施する
	80時間を超える	なし	実施するように努める
	45時間を超える	なし	措置を講じることが望ましい
研究開発業務従事労働者	100時間を超える	申出要件なし	確実に実施する
	80時間を超える	あり	確実に実施する
高度プロフェッショナル制度対象労働者	健康管理時間が100時間を超える	申出要件なし	確実に実施する
	100時間以下	あり	実施するように努める

※一般労働者は、原則として、月100時間以上の時間外・休日労働は不可
※健康管理時間＝事業場内にいた時間＋事業場外での労働時間

面接指導は、脳・心臓疾患や精神障害等の発症の重要な要因である長時間労働そのものを排除するという一次予防ではなく、**二次予防**であるため、疾患を予防するためには必ずしも十分ではありません。

●長時間労働者に対する面接指導の事後措置
　事業者は、面接指導の結果に基づき、事後措置を講じる。
・面接指導をした**医師の意見を聞く**。
・必要によって**具体的な措置を講じる**。（就業場所、作業、労働時間など）
・医師の意見を**衛生委員会等へ報告する**。

●面接指導またはこれに準ずる措置（努力義務）
　事業者は、長時間労働者に対する面接指導（義務）の対象者以外の従業員であって健康への配慮が必要なものについては、面接指導の実施または面接指導に準ずる措置を講ずるように努めなければならない。
・従業員に対して保健師などによる保健指導を行うこと
・チェックリストで疲労蓄積度を把握し必要な者に面接指導を行うこと
・事業場の健康管理は、事業者が産業医などから助言指導を受けること

●過重労働による健康障害防止のための総合対策
　2006年3月に「過重労働による健康障害防止のための総合対策」が示され、事業者が構ずべき措置が定められています。（図表1-4）

図表1-4　事業者が講ずべき措置のポイント

労働時間等	労働者の健康管理
①時間外・休日労働の削減 ・時間外労働は本来臨時的なものであり、休日労働の削減にも努める。 ②年次有給休暇の取得促進 ・年5日間の時季を指定した確実な取得。 ③労働時間等の設定の改善 ・労働時間の設定の改善に適切に対処するため、必要な措置を講じる。　　　　　　など	①健康管理体制の整備 ②健康診断の実施 ③長時間労働者の面接指導 ・面接指導などを適切に実施するために、衛生委員会等で調査審議する。 ・面接指導をするための実施体制を整備し、申し出を行いやすくする。　　　　　　など

5 ストレスチェック制度

**学習の
ポイント**
2014年に労働安全衛生法が改正され、ストレスチェック制度が導入されました。実施内容と方法、および面接指導と事後措置は押さえておきましょう。

●目的は一次予防

　ストレスチェック制度の主な目的は一次予防です。従業員のストレスの程度を把握し、従業員自身のストレスへの気づきを促します。さらに職場改善につなげ、働きやすい職場作りを進めることによって、メンタルヘルス不調を未然に防止します。

1 ストレスチェックの実施

　調査票を用いて次の3つの領域に関する項目により検査を行い、ストレスの程度を点数化して評価し、その結果を踏まえて高ストレス者を選定し、医師による面接指導の要否を確認します。
　　①従業員の**心理的負荷の原因**に関する項目（ストレス要因）
　　②**心身の自覚症状**に関する項目（ストレス反応）
　　③**従業員への支援**に関する項目（周囲のサポート）

●ストレスチェックの実施体制の整備

・ストレスチェック実施者は、**医師、保健師、一定の研修を受けた歯科医師、看護師・精神保健福祉士または公認心理師**に限られる。
・ストレスチェック実施事務従事者は、資格は必要ない。ただし、記入された調査票を見るため守秘義務があり、また従業員に対して解雇、昇進、異動等に関して**直接の権限を持つ監督的地位にある者はなれない**。

●ストレスチェックの実施義務

・常時50人以上の労働者を使用する事業場の労働者にストレスチェックを1年以内ごとに1回、定期に実施しなければならない。（義務）

・50人未満の事業場においても実施するように努めることとされている。**（努力義務）**

・派遣労働者に対しては、派遣元事業場に実施する義務がある。

・従業員にストレスチェックの受検義務はない。

●ストレスチェックの実施方法

・ストレスチェック調査票は、「職業性ストレス簡易調査票」（57項目）が推奨されている。

・前記の3つの領域に関する項目が含まれているものであれば、実施者の意見や衛生委員会等での調査審議を踏まえて、事業者の判断により選択することができる。

・評価の結果は、ストレスの程度の評価を点数化した評価結果を数値で示す。さらにレーダーチャート等の図表を用いることが望ましいとされている。

・高ストレス者に該当するか、面接指導が必要かの評価は、実施者が行う。

・事業者、実施者、実施事務従事者は、ストレスチェックを受けなかった従業員に対して、受検の勧奨をすることができる。

●ストレスチェック結果の通知

・ストレスチェック結果の通知は、実施者が直接受検者に通知する。

・実施者は本人の同意がない場合は、事業者に通知することは禁止されている。

・ストレスチェック結果の通知は、「ストレスの程度」、「高ストレス者の該当の有無」、「面接指導の要否」の3項目について行う必要がある。

2 面接指導と事後措置

　ストレスチェックの結果、面接指導が必要であると判定された従業員が**面接指導の申出**を行った場合は、事業者は**医師による面接指導**を行う必要があります。

・申出は、ストレスチェックの結果の通知を受理した後、おおむね１か月以内に行うように当該通知に記載する。

・申出の窓口、申出の方法についても記載する。

・**申出を行った従業員**に対しては、ストレスチェック結果の事業者への提供に**同意したものとして取り扱うことができる**。

・事業者は、申出を受理した後、おおむね１か月以内に**医師による面接指導**を行う。

・事業者は、面接指導の記録を作成して、**５年間保存**しなければならない。

・面接指導が必要であると通知された従業員から**申出がない場合**は、実施者・実施事務従事者が**申出の勧奨**を行うことができる。

> **重要ポイント**
>
> ●**医師による面接指導の事後措置**
>
> ・事業者は、面接指導の結果に基づき、当該従業員の健康を保持するために必要な措置について医師の意見を聴かなければならない。
>
> ・事業者は、医師の意見を勘案し、必要があると認めた場合は、就業場所の変更、作業の転換、労働時間の短縮、深夜業の回数の減少等の措置を講ずる。
>
> ・事業者は、当該医師の意見を衛生委員会等へ報告し、その他の適切な措置を講じなければならない。

3 集団ごとの集計・分析と職場環境の改善

　事業者は、実施者にストレスチェック結果を集団ごとに集計・分析させ、職場ごとのストレス状況を把握させるように努めることとされています。

・集団ごとの集計・分析は、**10人以上の集団**について行う。
・結果は、実施者から事業者に通知され、事業者は**衛生委員会等の調査審議を経て、職場環境の改善に取り組む。**

4 留意事項

●健康情報の保護

　ストレスチェック制度では、事業場において従業員の健康情報の保護が適切に行われることが重要となります。

・**従業員の同意なく**ストレスチェックの結果が事業者に**提供されてはならない。**
・事業者がストレスチェック制度に関する従業員の秘密を不正に入手してはならない。

●守秘義務

　それぞれの実施に応じて守秘義務が課されており罰則があります。
　　・医師・歯科医師　⇒　刑法
　　・保健師・看護師　⇒　保健師助産師看護師法
　　・精神保健福祉士　⇒　精神保健福祉士法
　　・公認心理師　⇒　公認心理師法

●不利益取扱いの禁止

　事業者は、労働者が**面接指導の申出をしたことを理由**として、労働者に対して不利益な取扱いをしてはならないと規定されています。

●ストレスチェックの外部委託

　ストレスチェックにおいても外部の健康診断機関に委託することがあります。その場合、ストレスチェック制度を正しく理解し、適切に実施することが可能な委託先の選定が必要です。

●実施状況の労働基準監督署への報告

　常時50人以上の労働者を使用する事業者は、１年以内ごとに１回、定期に、心理的な負担の程度を把握するための検査結果等報告書を**所轄労働基準監督署長に提出**しなければなりません。

●罰則

　ストレスチェックや面接指導の実施は、事業者の義務として法律に規定されていますが、**罰則はありません**。しかし、ストレスチェック制度に関する規定の中には、次の罰則を伴う規定があります。

　　・実施状況の労働基準監督署への報告
　　・ストレスチェック、面接指導の記録の保存
　　・守秘義務

　ストレスチェックや面接指導の実施義務規定に罰則がないからといってこれらを怠ると、安全配慮義務違反となり、メンタルヘルス不調などの発生に際して損害賠償を求められることにつながります。

参考　**小規模事業場におけるメンタルヘルスケアの取り組み**

・事業場内産業保健スタッフが確保できない場合が多いので、**衛生推進者または安全衛生推進者をメンタルヘルス推進担当者として選任**
・地域産業保健センターなど**事業場外資源を積極的に活用**

メンタルヘルスに関わるその他の法律

① 2016年3月「自殺対策基本法」が改正された

2012年以降自殺者数が年間3万人を下回ったが、OECD諸国と比較して日本の自殺率はまだ高率であり、自殺対策基本法の施行から10年経過しようとしているが、さらに対策を強化・加速させるために同法が改正された。

2016年4月から自殺対策は、内閣府から厚生労働省に移管された。

② 2017年「自殺総合対策大綱」が改正された

改正では、「地域レベルの実践的な取組の更なる推進」「若者の自殺対策，勤務問題による自殺対策の更なる推進」「自殺死亡率を先進諸国の現在の水準まで減少することを目指し、2026年までに2015年比30％以上減少させることを目標とする」を掲げている。

③ 2013年「アルコール健康障害対策基本法」が制定された

国、地方公共団体、国民、医師等の責務に加え、酒類の製造または販売を行う事業者は、国、地方公共団体が実施するアルコール健康障害の発生、進行および再発の防止に配慮するよう努める責務があるとされている。

健康増進事業実施者は、国および地方公共団体が実施するアルコール健康障害対策に協力するように努める責務がある。

④ 障害者の雇用の促進等に関する法律

事業主に対して、次の障害者雇用率に相当する人数の身体障害者・知的障害者の雇用を義務づけている。精神障害者については、雇用義務の対象ではないが（2018年4月より雇用義務化）、各企業の雇用率に算定することができる。

・民間企業　⇒　障害者雇用率 2.3％

・国、地方公共団体、特殊法人等　⇒　同 2.6％

・都道府県等の教育委員会　⇒　同 2.5％

6 企業にとっての意義

学習の
ポイント
メンタルヘルスケアを実践することは、従業員の生産性の向上につながるという理解が必要です。また、リスクマネジメントおよびワークライフバランスの基本知識が必要となります。

1 リスクマネジメントについて考えよう

　ストレスやメンタルヘルスの問題は、労働安全衛生法や安全配慮義務違反だけではなく、さまざまなリスクが存在しており、リスクマネジメントの一環として、問題に真剣に取り組まなければなりません。

図表1-5　メンタルヘルスケアの問題と企業のリスク

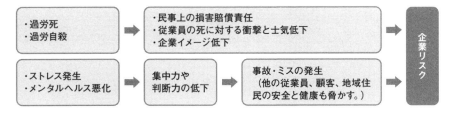

2 ワークライフバランスについて考えよう

　従業員が心身ともに健康であり、組織が活性化するためには、従業員のワークライフバランスの改善が必要です。その取り組みは、メンタルヘルス対策と共通する部分が多く、**企業の重要な課題**となっています。

3 生産性の向上につながることを理解しよう

　従業員がメンタルヘルスを悪化させれば、集中力や注意力が低下し、

仕事の効率も悪くなり、**生産性が低下**します。また、休職者が出れば、職場の戦力は低下し、**残った従業員の負荷も高まる**ことになります。

　図表1-6は、米国立労働安全衛生研究所（NIOSH）の健康職場モデルです。健康職場モデルから、以下のことがわかります。

・従業員の健康や満足度と組織の生産性を**両立**することは**可能である**。

・従業員の健康や満足度と組織の生産性は相互作用があり、**互いに強化**できる。

図表1-6　NIOSHの健康職場モデル

(出所)Sauter,S.L.,Lim,S.Y,Murphy,L.R."Organizational Health: A New Paradigm for Occupational Stress

> **重要ポイント**
>
> **●仕事と生活の調和（ワーク・ライフ・バランス）憲章**
> 　「国民一人ひとりがやりがいや充実感を感じながら働き、仕事上の責任を果たすとともに、家庭や地域生活などにおいても、子育て期、中高年期といった人生の各段階に応じて多様な生き方が選択・実現できる社会」
> **●仕事と生活の調和推進のための行動指針**（図表1-8）
> 　・就労による**経済的自立**が可能な社会
> 　・健康で豊かな生活のための**時間が確保**できる社会
> 　・多様な**働き方・生き方が選択**できる社会

参考	健康経営

　「健康経営」とは、「従業員の健康保持・増進の取組みが、将来的に収益性等を高める投資であるという考えの下、健康管理を経営的視点から考え、戦略的に実践すること」。
　経済産業省と東京証券取引所は、この観点より優良企業を「健康経営銘柄」（上場企業）と「健康経営優良法人認定制度」（非上場企業・医療法人等）で選定し公表している。

4 ワーク・エンゲイジメントについて考えよう

　ワーク・エンゲイジメントの高い人は、心身ともに健康であり、仕事や組織にも自ら積極的に関わり、良好なパフォーマンスを発揮しているといえます。

●ワーク・エンゲイジメントを高める要因
　ワーク・エンゲイジメントを高める活動を円滑に展開するには、多くの関係者が共通の目標と考え方の枠組みをもつことが重要です。共通する枠組みのひとつに、「仕事の要求度−資源モデル」があります。

> **重要ポイント**
>
> **●仕事の要求度−資源モデル**
> 　仕事の要求度−資源モデルは、「動機づけプロセス」と「健康障害プロセス」のプロセスから構成される
> ・２つのプロセスの出発点の「仕事の要求度」の低減と「仕事の資源」「個人の資源」の向上に注目。
> ・「仕事の資源」と「個人の資源」の向上が、活力ある職場づくりと従業員支援において重要。
> ・仕事の要求度：仕事の量的負担や質的負担などのストレス要因
> ・仕事の資源：仕事の裁量権、上司や同僚からの支援、信頼関係など職場や仕事が有する強み
> ・個人の資源：自己効力感やレジリエンスなど個人のもつ強み

図表1-7　仕事の要求度ー資源モデル

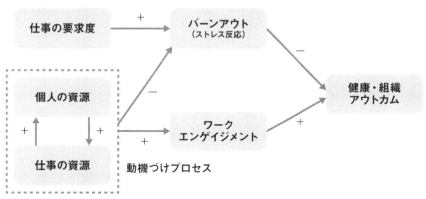

(出典)大阪商工会議所編「メンタルヘルス・マネジメント検定試験公式テキスト［Ⅱ種セルフコース］第5版」
中央経済社より

図表1-8　「企業、働く者の取組」の具体的内容

就労による経済的自立	・就職困難者等を一定期間試行雇用するトライアル雇用などを活用しつつ、人物本位による正当な評価に基づく採用を行う。 ・パート労働者等については正規雇用へ移行しうる制度づくり等を行う。 ・就業形態にかかわらず、公正な処遇や積極的な能力開発を行う。
健康で豊かな生活のための時間の確保	・時間外労働の限度に関する基準を含め、労働時間関連法令の遵守を徹底する。 ・労使で長時間労働の抑制、年次有給休暇の取得促進など、労働時間等の設定改善のための業務の見直しや要員確保に取り組む。 ・社会全体の仕事と生活の調和に資するため、取引先への計画的な発注、納期設定に努める。
多様な働き方・生き方の選択	・育児・介護休業、短時間勤務、短時間正社員制度、テレワーク、在宅就業など個人の置かれた状況に応じた柔軟な働き方を支える制度の整備、それらを利用しやすい職場風土づくりを進める。 ・男性の子育てへのかかわりを支援・促進するため、男性の育児休業等の取得促進に向けた環境整備等に努める。 ・女性や高齢者等が再就職や継続就業できる機会を提供する。 ・就業形態にかかわらず、公正な処遇や積極的な能力開発を行う。

(出典)厚生労働省ホームページ「仕事と生活の調和推進のための行動指針」各主体の取組より(一部改変)。
(http://www.cao.go.jp/wlb/government/20barrier_html/20html/indicator.html)

7 メンタルヘルスケアの方針と計画

学習のポイント　メンタルヘルスケアを推進するには、方針を打ち出し、計画を立て、実施した後はしっかりと評価し、次につなげていきます。この一連の流れとそれぞれのポイントの理解が大切です。

1 企業の方針とする意義を理解しよう

　組織のトップがメンタルヘルスケアに関する明確な**意思**を**表明**するということは、事業活動における**位置づけ**を**明確**にしたことになります。

　従業員にとって、活動に一定の**時間を当てる正当性**が存在し、**安心して取り組む**ことができます。

●**方針にメンタルヘルスケアの重要性を盛り込む**

　メンタルヘルスケアの重要性の認識のほか、**職場全体**を巻き込んだ対策、**プライバシーへの配慮**、**継続的**な実施などを盛り込みます。

●**方針は目に触れるようにして周知させる**

　職場内に掲示するほか、関連するウェブサイトのトップページに掲示したり、社内報に掲載する方法があります。社内メールで全従業員に配布してもよいでしょう。

> **重要ポイント**
>
> ●**方針とするメリット**
> 　事業活動における位置づけを明確にすることで、モチベーションアップにつながり、仕事の優先順位に影響を与える。
>
> ・企業の**事業活動にとっての重要性**
> ・自分の**評価との関連性**

2 計画の策定・実施・評価のポイントを理解しよう

●心の健康づくりのための体制をつくる

　方針を達成するためには、必要な**役割**や**手順を文書**にまとめます。また、手順を実施できる**人材を教育**する必要があります。

　活動の進め方は、他の安全衛生活動と同様です。企業のトップのリーダーシップのもと、**職場ラインが中心**になり、従業員の安全衛生への参加意識を高めます。

・安全衛生の担当部門のスタッフが**サポート**して活動を展開する。
・安全衛生に関する事項を審議する場として**安全衛生委員会**が存在する。
・それぞれの役割が適切に果たせるように、**ルールを文書**として明確化する。

●心の健康づくりの実施計画を策定する

　2006年3月、厚生労働省から発表された「労働者の心の健康の保持増進のための指針」には、心の健康づくり計画として以下の事項が定められています。

①事業者がメンタルヘルスケアを**積極的に推進する**旨の表明に関すること
②事業場における心の健康づくりの**体制の整備**に関すること
③事業場における問題点の把握および**メンタルヘルスケアの実施**に関すること
④メンタルヘルスケアを行うために必要な**人材の確保**および**事業場外資源の活用**に関すること
⑤労働者の**健康情報の保護**に関すること
⑥心の健康づくり計画の実施状況の**評価**および**計画の見直し**に関すること
⑦その他、労働者の心の健康づくりに**必要な措置**に関すること
　心の健康づくり計画は、**実施するシステム（体制）**と具体的な**活動ス**

ケジュールからなります。
- 通常は、**年間計画**を策定し、進捗状況を安全衛生委員会で確認する。
- 年間計画に基づく活動のほか、**臨時的に発生**する活動がスムーズに実施されることが重要。
- 職場復帰の際の面接など、あらかじめ決められた実施要綱に基づき展開する。

● **目的がどの程度達成されたか検証する**

検証は、あらかじめ立てた**目標の達成度**で評価します。
- 目標は、**評価項目**と具体的な**達成目標**からなる。
- 達成目標は、**具体的な数値**として活動の成否が明らかになるように設定する。
- 達成できなかった場合は、**原因を分析し改善**を行う。

〈評価指標の例〉
- メンタルヘルス不調に関連した疾病による休業者数、休業日数
- 自殺者数（ゼロ）
- 一定程度以上のプレゼンティーズムの発生者の割合
- ストレスチェックによる高ストレス者の割合
- ストレスチェックによる集団の健康リスク
- 職場のコミュニケーションがよいとする従業員の割合
- 働きやすいと評価する従業員の割合
- 復職面接の実施数
- 復職後、再度休職に至った従業員の割合・従業員数
- 管理職教育の参加率
- 従業員教育の実施数

●目標が達成できた場合

　目標達成の過程で改善すべき事項があれば、**さらなる改善や高い目標設定**を行うことが望ましい。

図表1-9　**計画の策定、実施、評価の流れ**

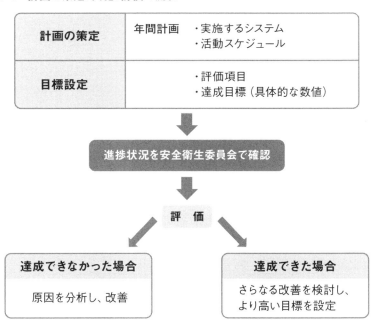

参考　プレゼンティーズムとアブセンティーズム

　WHO（世界保健機構）によって提唱された健康問題に起因したパフォーマンス（生産性）の損失を表す指標のこと。アブセンティーズムとは、健康問題が原因で仕事の欠勤（病欠）の状態をいい、プレゼンティーズムは欠勤には至ってはいないが、健康問題が理由で業務遂行能力や生産性が低下している状態をいう。

8 管理監督者の役割

学習の ポイント

ラインによるケアは、メンタルヘルスケアのなかでも非常に重要です。
従業員と日常的に接して健康状態を把握し、必要な措置がとれるなど、
管理監督者の役割を理解することが大切です。

1 人と組織のマネジメントの重要性を知ろう

●改善の対象は物理的な環境だけではない

　産業界は、少子高齢化による労働力不足や AI や IoT の活用に向けた
第4次産業革命の動きなどにより、働く人の健康や安全にも影響を与え
る大きな時代のターニングポイントにあるといえます。

　これらの影響によって雇用形態や就業構造が多様化する中で、健康・
安全活動においては、時代の変化に対応した組織的・体系的な取り組み
と継続的な改善への仕組みが求められています。

　具体的な仕組みには以下の2つがあります。

・健康経営にかかわる表彰制度（健康経営銘柄・健康経営優良法人認
　定制度）

・日本産業規格「JIS」が労働安全衛生マネジメントシステム（OSHMS）
　を制定

　どちらも、組織マネジメントを要求した仕組みであり、健康管理にお
けるマネジメントの重要性の高まりにより、管理監督者にもその知識や
スキルが求められています。

2 メンタルヘルスケアに必要なマネジメントスキルを知ろう

　マネジメント能力の中でも、スキルは管理監督者個人に求められる重要な要素です。ここではメンタルヘルスの取り組みに必要なスキルについて挙げておきます。

●メンタルヘルスの取り組み目標を設定する
・組織が向かうべき方向と達成すべき目標を具体的に示す。
・十分な時間をかけて、しっかりと設定する。

●目標に対する課題の把握と分析をする
・目標と現状とのギャップによる課題を把握する。
・組織の課題と人の課題を分析する。

●PDCAサイクルで的確な運用をする
・計画（P）ではできるだけ具体的な計画とする。
・管理監督者の定期的な検証（C）は重要。
・運用の主体は組織に所属するすべての人であり、その組織の雰囲気や個人の理解度に大きく左右される。

3 労働時間の管理を理解しよう

●長時間労働が健康状態に影響を与える
　長時間労働などの負荷が恒常的に長期間にわたって発生した場合、ストレス反応も持続し、過大となり回復が難しくなります。また、精神的疲労は、うつ病等のメンタルヘルス不調を発症させる有力な要因と考えられます。
　そして、長時間労働による睡眠不足は、脳血管疾患をはじめ虚血性心疾患、高血圧、血圧上昇などの心血管系への影響が指摘されています。

●脳血管疾患および虚血性心疾患と業務は関連づけられる

　過重労働による健康障害防止のための総合対策では、図表1-10のように示しています。

　さらに、過重労働時間ごとに面接指導を実施する義務があります（本章第4節図表1-3参照）。

●労働時間の延長には限度が定められている
図表1-10　業務と脳血管疾患・虚血性心疾患の発症との関連

過重労働時間（1か月当たり）	業務と発症との関連
100時間を超える、または、2〜6か月間にわたりおおむね80時間を超える時間外労働	業務と発症との関連が強い。
発症前1〜6か月間に45時間を超える時間外労働	業務と発症との関連が徐々に強まる。
発症前1〜6か月間に45時間以内の時間外労働	業務と発症との関連が弱い。

　労働基準法第36条第2項の規定に基づき、一般的な労働における時間外労働時間は、限度時間を超える協定を労働組合との間に結んではならないとの基準が示されています（労働基準法第36条第1項の協定で定める労働時間の延長の限度等に関する基準を定める告示）。

・1か月単位の時間外労働協定を結ぶ場合は、**45時間が限度**
・1年の時間外労働協定を結ぶ場合は、**360時間が限度**

4　ラインによるケアの重要性

「労働者の心の健康の保持増進のための指針」では、ラインによる職場環境等の改善と、個々の労働者に対する相談対応の両面からの推進を求めています。特に、次の点を押さえておきましょう。

・部下の話を聞き、部下のストレスを知り、仕事のサポートにつなげる。
・管理監督者は、人事労務に関する知識、組織論の知識、ストレスマネジメントの知識、マネジメント能力、人間関係調整能力（リーダーシップ）までの幅広い知識が求められる。

　権限の範囲を超える改善は、さらに上位の管理者や事業場内外の産業

保健スタッフ、人事労務部門から助言や協力を求めるなどの連携をします。

> **重要ポイント**

● **長時間労働や睡眠不足からくる疲労**

・医学的にも長期間にわたる**長時間労働や睡眠不足**からくる疲労の蓄積が血圧の上昇などを生じさせ、血管の病気が**自然経過を超えて著しく悪化し**、脳血管疾患、虚血性心疾患などの発症につながることが明らかにされている。

・1日に**6時間程度の睡眠が確保されない状態**は、1日の**労働時間8時間を超え、4時間程度の時間外労働**を行った場合に相当する。

● **作業環境も付加的要因として評価が必要**

・温度変化、騒音、時差などの作業環境と脳・心臓疾患の発症との関連性

⇒強くはないが、過重性の評価に加える必要がある。

● **不規則な業務**

⇒睡眠リズムの障害となり、不眠や睡眠障害を起こしやすい。

● **精神的緊張**

2011年12月に「心理的負荷による精神障害の認定基準について」が策定された。労働時間の管理は、脳・心臓疾患との関連と同時にメンタルヘルス不調との関連からも重要性が増し、評価方法にも反映されている（図表1-11）。

● **パワーハラスメントへの留意**

2020年5月に「心理的負荷による精神障害の認定基準について」が改正され、パワーハラスメントが具体的に出来事の項に追加され、類型に「上司等から、身体的攻撃，精神的攻撃等のパワーハラスメントを受けた」が明示された。また、パワーハラスメントに当たらない暴行やいじめ等は、出来事の項に「同僚等から、暴行又は（ひどい）いじめ、嫌がらせを受けた」に修正されている。

図表1-11　長時間労働がある場合の評価方法

長時間労働に従事することも精神障害発病の原因となり得ることから、長時間労働を次の3通りの視点から評価します。

①「特別な出来事」としての「極度の長時間労働」

発病直前の極めて長い労働時間を評価します。
【「強」になる例】
・発病直前の1か月におおむね160時間以上の時間外労働を行った場合
・発病直前の3週間におおむね120時間以上の時間外労働を行った場合

②「出来事」としての長時間労働

発病前の1か月から3か月間の長時間労働を出来事として評価します。
【「強」になる例】
・発病直前の2か月間連続して1月当たりおおむね120時間以上の時間外労働を行った場合
・発病直前の3か月間連続して1月当たりおおむね100時間以上の時間外労働を行った場合

③ 他の出来事と関連した長時間労働　恒常的長時間労働が認められる場合の総合評価

出来事が発生した前や後に恒常的な長時間労働（月100時間程度の時間外労働）があった場合、心理的負荷の強度を要素として評価します。
【「強」になる例】
・転勤して新たな業務に従事し、その後月100時間程度の時間外労働を行った場合

> 上記の時間外労働時間数は目安であり、この基準に至らない場合でも、心理的負荷を「強」と判断することがあります。

※ ここでの「時間外労働」は、週40時間を超える労働時間をいいます。

（出典）2012（平成24）年3月厚生労働省「精神障害の労災認定～平成23年12月に認定基準を新たに定めました～」パンフレットより

参考 **精神的緊張**

　アメリカで行われた研究によると、**仕事の要求度が高い**、**仕事のコントロールが低い**、**周囲のサポートが低い**状態が組み合わさったとき、**精神的緊張がもっとも高い状態**となる。
・循環器系疾患の疾病休業者は、仕事のコントロールが低い傾向がある。
・職場ストレスの高い環境に加えて、上司や同僚からのサポートが低いと、心血管疾患による死亡率・罹患率が高い。

参考 **働き方改革と過重労働**

「働き方改革関連法」を受けて、「過重労働による健康障害防止のための総合対策」（2019年）が改正されており、事業者が講ずべき措置には、「時間外労働・休日労働時間の削減」、「年次有給休暇の取得促進」および「労働者の健康管理に係わる措置の徹底」などがある。
働き方改革では、所属組織の複数化や働く場所や時間の自由度によって「労働負荷」の整理は複雑化しており、労働者にとって労働時間管理を基本とした働き方の工夫が重要となってくる。

確認問題と解答・解説
○×チェック

次の記述のうち、適切と思われるものは○に、
不適切と思われるものは×に、それぞれ丸を付けなさい。

1. 労働安全衛生法は、最低の労働条件基準を定める取締法規であって、これに違反した場合には、一定の範囲で刑事罰の対象とされる。〈第27回公開試験〉

(○ ×)

2. 企業が労働安全衛生法上の義務に違反した場合に、安全配慮義務違反を構成するものとして、民事上の損害賠償責任を負う可能性がある。〈第27回公開試験〉

(○ ×)

3. 安全配慮義務は、信義則上の付随義務として使用者が負っているものとされ、労働安全衛生法において明文化されている。〈第27回公開試験〉 (○ ×)

4. 面接指導は、脳・心臓疾患や精神障害等の発症の重要な要因である長時間労働そのものを排除するという一次予防ではなく、二次予防であるので、面接指導そのものはこれらの疾患を予防するためには必ずしも十分であるとはいえない。
〈第27回公開試験〉 (○ ×)

5. 事業者は、面接指導（義務）の対象労働者以外の労働者であって健康への配慮が必要なものについては、面接指導の実施または面接指導に準ずる措置を講ずるように努めなければならない。〈第27回公開試験〉 (○ ×)

6. 面接指導の対象となる労働者は、1週間あたり40時間の所定労働時間を超える時間外・休日労働が1月あたり80時間を超え、かつ疲労の蓄積が認められる者である。
〈第27回公開試験〉 (○ ×)

7. 従業員の健康や満足感と組織の生産性を両立させることは可能であり、むしろ両者には相互作用があり互いに強化することができるとする考え方を「職業性ストレスモデル」という。〈第27回公開試験〉 (○ ×)

8. 従業員が過労死や過労自殺してしまったような場合、企業は安全配慮義務違反を理由に刑事責任を問われる。〈第27回公開試験〉 (○ ×)

9. 「トータル・ヘルスプロモーション・プラン」の考え方に従えば、マネジメント

の態様、組織文化・風土、組織の価値観といった組織特性は、従業員の健康や満足感及び組織の生産性に影響を与える。〈第27回公開試験〉　　　　　　（ ○　　× ）

10. 従業員がメンタルヘルスを悪化させていれば、集中力や注意力が低下し、結果として仕事の生産性も低下する。〈第27回公開試験〉　　　　　　　　　（ ○　　× ）

11. 労災保険給付は、企業側に過失が認められれば支給がなされ、被災者たる労働者が被った損害の全部を補償する。〈第29回公開試験〉　　　　　　　　（ ○　　× ）

12. 労災保険給付がなされた場合、民事上の損害賠償請求訴訟においては、すでに給付された金額は損益相殺の対象とされ、損害額から控除される。
〈第29回公開試験〉　　　　　　　　　　　　　　　　　　　　　　　　（ ○　　× ）

13. パワーハラスメントについては、もともとその概念自体が明確ではなかったが、2019年5月に成立した改正労働施策総合推進法によって法律上の定義付けがなされるに至った。〈第29回公開試験〉　　　　　　　　　　　　　　　（ ○　　× ）

14. 心の健康づくり計画は、それを実施するシステム（体制）と具体的な活動スケジュール、そして目標から構成される。〈第29回公開試験〉　　　　　（ ○　　× ）

15. 「労働者の心の健康の保持増進のための指針」（厚生労働省、2006年、2015年改正）では、心の健康づくり計画で定める事項として、労働者の健康情報の保護に関することが挙げられている。〈第29回公開試験〉　　　　　　　　　（ ○　　× ）

16. 安全衛生活動は、事業者のリーダーシップのもと、職場ラインが中心となって機能し、さらに労働者の安全衛生への参加意識を高め、それを安全衛生の担当部門などのスタッフ部門がサポートして展開される。〈第29回公開試験〉　（ ○　　× ）

17. 心の健康づくり計画の達成目標は、具体的な数値でかつ事業場の全労働者に関する項目を設定しなければならないので、「復職面接の実施数」という指標は評価指標としてふさわしくない。〈第29回公開試験〉　　　　　　　　　（ ○　　× ）

18. わが国の自殺者数は1998年に急増し、それ以降2011年に至るまで、14年連続で30,000人を超えていた。〈第30回公開試験〉　　　　　　　　　　　（ ○　　× ）

19. 2011年に厚生労働省は、地域医療の基本方針となる医療計画に盛り込む疾病として、がん、脳卒中、急性心筋梗塞、糖尿病に、精神疾患を加えて「五大疾病」とする方針を打ち出した。〈第30回公開試験〉　　　　　　　　　　　（ ○　　× ）

20. 「労働安全衛生調査」（厚生労働省、2013 年）の結果によると、メンタルヘルス対

策に取り組んでいる事業所は約60%である。〈第30回公開試験〉　　　　（　○　　×　）

21.「労働安全衛生調査」（厚生労働省、2013年）の結果によると、過去1年間にメンタルヘルス不調により連続1か月以上休業または退職した労働者がいる事業所の割合は20%を超えている。〈第30回公開試験〉　　　　　　　　　　（　○　　×　）

22. ストレスは部下との対話の中で、部下の言葉だけでなく表情・態度などで把握することができる。〈第30回公開試験〉　　　　　　　　　　　　　　（　○　　×　）

23. アメリカのコミュニケーション学者である Birdwhistell の研究によれば、上司と部下など2者間の対話では、動作やジェスチャーなど言葉以外の手段によって伝えられるメッセージよりも、言葉によって伝えられるメッセージのほうが多い。〈第30回公開試験〉　　　　　　　　　　　　　　　　　　　　　　（　○　　×　）

24. 部下のストレスを把握する手段にはストレス調査などがあるが、ストレスを把握する方法の基本として、最も重要なのは部下とのコミュニケーションである。〈第30回公開試験〉　　　　　　　　　　　　　　　　　　　　　（　○　　×　）

25. 部下と対話した後、部下にメンタルヘルス不調の疑いがある場合は、まずは部下の話を聴き、その後は上司である自分だけで解決しようとせずに、産業保健スタッフなどのアドバイスを受けるようにする。〈第30回公開試験〉　　　（　○　　×　）

確認問題と解答・解説
解答・解説

番号	解答	解説
1	○	設問のとおりです。
2	○	設問のとおりです。
3	×	安全配慮義務は、もともとは判例法理として信義則上の不随義務として使用者が負っているものと認められてきたものですが、2008年労働契約法において明文化されるに至っています。
4	○	設問のとおりです。
5	○	設問のとおりです。
6	×	設問の条件だけではなく、申し出をした労働者となります。
7	×	設問の説明は、「職業性ストレスモデル」ではありません。「健康職場モデル」の説明となります。
8	×	安全配慮義務違反を理由に刑事責任が問われるものではありません。刑事責任を問われるのは刑法です。安全配慮義務を理由として問われる責任は、民事上の損害賠償責任です。
9	×	設問の説明は、「トータル・ヘルスプロモーション・プラン」ではありません。「健康職場モデル」の説明となります。
10	○	設問のとおりです。
11	×	労災保険給付は、企業側に落ち度（過失）がなくとも支給（支払い）されます。また、補償の内容は被災者たる労働者が被った損害の一部に限られます。
12	○	設問のとおりです。
13	○	設問のとおりです。改正労働施策総合推進法でパワハラを、「①職

場において行われる優越的な関係を背景とした言動であって」、「②業務上必要かつ相当な範囲を超えたものにより」、「③その雇用する労働者の就業環境が害されること」の3要件をすべて満たすものと定義されました。

14 ○ 心の健康づくり計画は、通常は年間計画を策定し、進捗を安全衛生委員会で確認します。目標は、評価項目と具体的な達成目標からなります。

15 ○ 設問のとおりです。

16 ○ 設問のとおりです。

17 × 「復職面接の実施数」は評価指標になります。また、その他の評価指標の例としては、「メンタルヘルス不調に関連した疾病による休業者数、休業日数」や「ストレスチェックによる高ストレス者の割合」、「職場のコミュニケーションがよいとする割合」、「管理職教育の参加率」などがあります。

18 ○ 設問のとおりです。

19 ○ 設問のとおりです。

20 ○ 設問のとおりです。

21 × 過去1年間にメンタルヘルス不調により連続1か月以上休業または退職した労働者がいる事業所の割合は10.0%です。

22 ○ 設問のとおりです。

23 × Birdwhistell は2者間の対話では、言葉によって伝えられる「言語的コミュニケーション」は35%で、言葉以外の「非言語的コミュニケーション」は65%で伝わるとされています。

24 ○ 設問のとおりです。コミュニケーションをとることで、部下の不調を早期に発見することができます。

25 ○ 設問のとおりです。アドバイスを受け、より適切な対応をとることが重要です。

第 **2** 章

ストレスおよび
メンタルヘルスに
関する基礎知識

1 ストレスの基礎知識

学習の ポイント メンタルヘルスケアを行うには、正しいストレスの知識が大切です。特に、ストレスによる健康障害のメカニズムやストレス要因を理解することが重要となります。

1 ストレスのメカニズムを理解しよう

　個人にとって負担となるようなできごとや周囲からの要請を**ストレッサー**といいます。

　そして、ストレッサーによって引き起こされる心理的反応、身体的反応、行動面の反応（行動の変化）を**ストレス反応**といいます。

図表2-1　主なストレス反応

反応の種類	内容
心理面の反応	不安、緊張、怒り、イライラ、興奮、混乱、落胆、短気、抑うつ、無気力、不満、退職願望、憂うつ　など
身体面の反応	動悸、冷汗、顔面紅潮、胃痛、下痢、手の震え、筋緊張による頭痛・頭重感、疲労感、食欲低下、不眠、めまい、ふらつき　など
行動面の反応	回避、逃避、遅刻、欠勤、ミス（エラー）、アクシデント、口論、けんか、飲酒量や喫煙量の急増、作業能率の低下、やけ食い、生活の乱れ　など

●職場環境で労働負荷の増加がみられる

　職場にみられるストレス要因としては、図表2-3のようなものがあげられます。

図表2-2　うつ病・うつ状態に至るプロセス

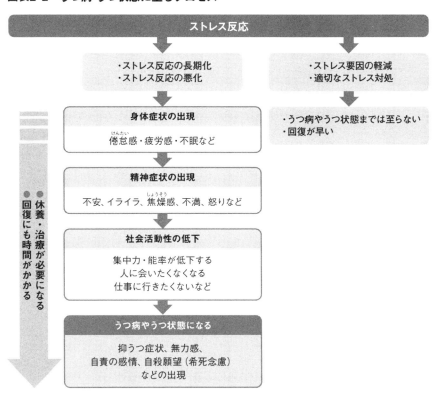

ストレス反応

- ・ストレス反応の長期化
- ・ストレス反応の悪化

- ・ストレス要因の軽減
- ・適切なストレス対処

- ・うつ病やうつ状態までは至らない
- ・回復が早い

身体症状の出現

倦怠感・疲労感・不眠など

精神症状の出現

不安、イライラ、焦燥感、不満、怒りなど

社会活動性の低下

集中力・能率が低下する
人に会いたくなくなる
仕事に行きたくないなど

うつ病やうつ状態になる

抑うつ症状、無力感、
自責の感情、自殺願望（希死念慮）
などの出現

休養・治療が必要になる
回復にも時間がかかる

図表2-3　職場におけるストレス要因

1	仕事の質・量の変化（仕事内容の変化、長時間労働、IT化など）
2	役割・地位の変化（昇進、降格、配置転換など）
3	仕事上の失敗・過重な責任の発生（損害、ペナルティーなど）
4	事故や災害の発生（自分や周囲のケガ、損害など）
5	対人関係の問題（上司や部下、同僚との対立、いじめ、ハラスメント）
6	その他
	交替制勤務、仕事への適性、職場の雰囲気、コミュニケーション、努力―報酬不均衡など

（出典）大阪商工会議所編『メンタルヘルス・マネジメント検定試験公式テキスト[Ⅱ種 ラインケアコース]第5版』中央経済社より。

図表2-4　ストレス時の心身の反応

	初期（警告反応、抵抗期）	疲憊期
感情面	不安、緊張、イライラ、焦燥感	抑うつ感、無力感、自責感
思考面	解決思考	集中力、判断力の低下
意欲・活動性	亢進状態または普通	意欲、活動性の低下
心身の状態	無症状あるいは不眠傾向、一時的な血圧上昇、自律神経症状など	慢性睡眠障害、蓄積疲労、不安障害、うつ病、適応障害、高血圧症、脳・心血管障害　など

（出典）大阪商工会議所編『メンタルヘルス・マネジメント検定試験公式テキスト［Ⅱ種 ラインケアコース］第5版』中央経済社より。

2　ストレスによる健康障害のメカニズムを知ろう

　負担となるストレッサーに直面すると、アドレナリンが産生され、血圧や心拍数が増加します。大脳皮質ではこれまでの経験や記憶に基づいて認知がされ、困難と感じたり苦痛と思えたりします（図表2-5）。

図表2-5　ストレスによる健康障害のメカニズム

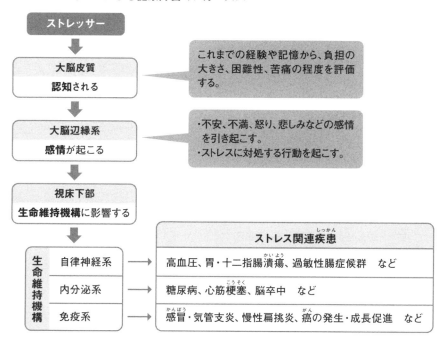

●ストレス反応が強くなった場合

　ストレス反応が強くなって固定化すれば、うつ病、高血圧、胃・十二指腸潰瘍、冠動脈疾患などの**ストレス関連疾患**が現れることもある。

●神経伝達物質……ノルアドレナリン、ドーパミン、セロトニンなど。

　神経伝達物質は、**不安や抑うつ気分**、**意欲**、**活動性**などと密接に関係している。

・神経伝達物質の産生や伝達が障害されると、うつ病や不安障害などのメンタルヘルス不調が引き起こされる。

●自律神経系……交感神経と副交感神経

・生命の危機などの強いストレッサーに直面したとき
　　⇒交感神経系が優位

・睡眠や休息時、食後のエネルギー補給のとき
　　⇒副交感神経系が優位

●感情と自律神経……さまざまな感情と身体的な変化は、自律神経の作用が密接に関係

・怒りや不安を感じたとき
　　⇒動悸がする。

・仰うつ気分のとき
　　⇒食欲がなくなる。

●急性の強いストレス持続的な慢性ストレス状態

・内分泌系・自律神経系の機能が亢進した状態になる。
・免疫系が抑制される。

2 産業ストレスの基礎知識

学習のポイント　ストレスを理解するためには、ストレス増加の社会的背景の把握が必要です。また、ストレスから疾病につながるモデルとして、職業性ストレスモデルを正確に理解することがとても重要です。

1 産業ストレスを理解しよう

　図表2-6は、米国立労働安全衛生研究所（NIOSH）が紹介しているもっとも包括的な職業性ストレスモデルです。

図表2-6　NIOSHの職業性ストレスモデル

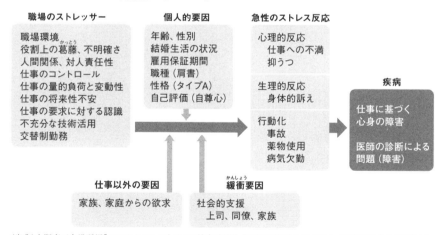

職場のストレッサー
職場環境
役割上の葛藤、不明確さ
人間関係、対人責任性
仕事のコントロール
仕事の量的負荷と変動性
仕事の将来性不安
仕事の要求に対する認識
不充分な技術活用
交替制勤務

個人的要因
年齢、性別
結婚生活の状況
雇用保証期間
職種（肩書）
性格（タイプA）
自己評価（自尊心）

急性のストレス反応
心理的反応
　仕事への不満
　抑うつ
生理的反応
　身体的訴え
行動化
　事故
　薬物使用
　病気欠勤

疾病
仕事に基づく心身の障害
医師の診断による問題（障害）

仕事以外の要因
家族、家庭からの欲求

緩衝要因
社会的支援
上司、同僚、家族

(出典) 大阪商工会議所編『メンタルヘルス・マネジメント検定試験公式テキスト[Ⅱ種ラインケアコース]第5版』中央経済社より。

　モデルによると、職場環境や人間関係、仕事の質や量、将来性、仕事のコントロール、責任など、さまざまな「**仕事上のストレッサー**」が心理的な負荷となります。**心理的な負荷を受けると**、心理的反応、生理的

図表2-7　ストレス増加の背景

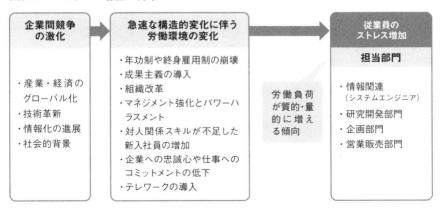

反応、行動化という**ストレス反応**が現れます。

　ストレス反応を放置したり、ストレッサーが強く、長期にわたって継続すると、個人のストレス耐性の限界を超えてしまいます。そして、何らかの**健康障害が発生**することになります。

2　職場のストレッサー以外の要因を知ろう

　図表2-6で示したように、ストレス反応の強さに影響を与えるものとしては、職場（仕事上）のストレッサーだけでなく、仕事以外の要因、個人的要因、そして緩衝要因があります。

　仕事以外の要因として、家族や家庭、地域などからのストレッサーがあります。仕事上のストレッサーと仕事以外の要因がどれほど強いかによって、ストレス反応の現れ方が違ってきます。

　また、年齢や性別、性格や行動パターン、自己評価といった**個人的な要因**もストレス反応の現れ方に大きく影響を与えます。また、**緩衝要因**もストレス反応に大きな影響を与えます。

　緩衝要因とは、社会的支援のことで、会社であれば上司や同僚からのサポート、家庭であれば家族からのサポートなどです。これらの緩衝要因が強ければ強いほど、ストレス反応を軽減することにもなります。

3 年齢層別のストレスを理解しよう

　新入社員や若年労働者、壮年労働者、中高年労働者や管理職、高年齢労働者には、図表2-8のようなストレスの特徴がみられます。

重要ポイント

●就職後3年以内に転職、退職する新入社員の割合

　・厚生労働省「労働市場分析レポート」（2020年）では、
　　大卒者⇒約32.8%、高卒者⇒約39.5%

●若年労働者の一部で増えているメンタルヘルス不調の特徴

　・仕事上の役割や人間関係の問題で、簡単にメンタルヘルス不調に陥り、休業（休職）する事例が増加
　・「組織への帰属意識が希薄」「自己愛が強い」「自己中心的」「責任感が弱い」「協調性や忍耐力が乏しい」「他人のせいにする外罰的傾向がある」「人格的に未成熟である」などの特徴
　⇒生活指導のほか、帰属意識・役割意識の改善が重要

図表2-8　年齢層別のストレスの特徴

新入社員や若年労働者の特徴

仕事上のストレス

・人間関係や役割に伴う葛藤
・仕事の適性の問題
・給与や処遇に対する不満

家庭・プライベートのストレス

・親からの自立
・異性との交際

 影響

・メンタルヘルス不調に陥る。
・転職や退職が増加している。

壮年労働者の特徴

仕事上のストレス

・職場での第一線の担い手
・仕事の負担増による過重労働
・自己の実績と部下の管理への同時要求
　（プレーイングマネジャーとしての役割）

家庭・プライベートのストレス

家庭を持ち、家庭の役割を担う人が増える年代
※緩衝要因ともなり、促進要因ともなり得る。

 影響

メンタルヘルス不調や自殺の発生頻度が高い。

中高年労働者や管理職の特徴

仕事上のストレス

・指導的立場に就く人が増える年代
・業績への要求
・部下の管理監督への要求

家庭・プライベートのストレス

・心身の機能の衰え
　（体力、記憶力、新しい環境への適応力などの低下）
・家庭内での役割分担によるストレスの増大
　（子供の問題や親の介護など）

 影響

メンタルヘルス不調や自殺の発生頻度が高い。

高年齢労働者の特徴

仕事上のストレス

・定年後の再雇用や定年延長
・給与や処遇に関する改善要求が高い

家庭・プライベートのストレス

・体力の衰え、記銘力・想起力の低下
・親の介護や親族の死、自分の持病

 影響

自分自身の心身両面での健康管理が重要

3 メンタルヘルスの 基礎知識

学習の
ポイント

勤労者にみられるメンタルヘルス不調のなかで、特に多いのがうつ病(うつ症状)です。メンタルヘルスケアを行ううえで、うつ病の症状やポイントを正しく押さえることは必要不可欠です。

◎メンタルヘルス不調を正しく理解しよう

　厚生労働省の「労働者の心の健康の保持増進のための指針」によると、メンタルヘルス不調とは、心身症や精神疾患、行動障害（出勤困難、無断欠勤、人間関係や仕事上のトラブルなど）といった**心の不健康状態を総称**する用語です。

●うつ病は人口の1〜3%にみられる疾病

　一生のうち一度以上うつ病にかかったことのある人は**7％前後**とされ、ごく一部の特別な人がかかるというものではありません。

　また、元々は社会適応のよかった人に起こる傾向があります。

　単なる「疲れ」や「気のもちよう」ではなく、脳の生理学的・機能的な不調（病気）です。

重要ポイント

●うつ病の発見

・うつ病の症状が**2週間以上継続**し、毎日何気なく繰り返していた行為がつらくなってきた場合は、うつ病が疑われる。

・当初は全身倦怠感、頭重感、食欲不振などの身体症状が自覚されるため、本人は**「体の病気」**と考える傾向がある。

図表2-9　うつ病の症状の特徴

不調の場面	特徴
主な症状	憂うつ、不安、おっくう感
朝の不調	・朝早く目が覚める。　　　　　・朝の気分がひどく重く憂うつである。 ・朝刊をみる気になれない。　　・出勤の身支度がおっくうである。
仕事の不調	・特に午前中は仕事に取りかかる気になれない。 ・根気が続かない。　　　　　　・決定事項が判断できない。 ・気軽に人と会って話せなくなる。　・不安でいらいらする。 ・仕事を続ける自信や仕事の展望がもてなくなる。
生活の不調	・以前好きだったことがつまらなくなる。 ・昼過ぎ（夕方）までは気分が重く沈む。 ・「いっそのこと消えてしまいたい」と考えるようになる。
身体の不調	・眠れない（眠った気がしない）。　・食欲が低下する。 ・疲れやすい。　　　　　　　　・性欲が減退する。 ・だるい。　　　　　　　　　　・口が渇く。 ・頭痛がする。

図表2-10　うつ病への対応の原則

対応の時期	原則
療養中	・休養と服薬による心理的疲労回復が治療の中心 ・業務から完全に解放されることが必要 ・多くの場合、数か月間（3〜6か月）は自宅療養が必要
復職後	・最低6か月程度は通院・服薬を継続することが必要 ・上司からの支援などにより、ストレスを少しでも緩和する工夫が必要

重要ポイント

●**うつ病の具体的な治療法**

・休養、薬物療法、心理療法・精神療法などの順に用いられる。

・脳内の神経伝達物質の働きを回復させる効果のある薬の服用が必要となる（第6章第5節参照）。

●**昨今の若年層を中心とした不調**

・職業的役割意識が希薄なため、復職を先延ばしにする傾向がある。

・従来のうつ病の「疲憊（ひはい）・消耗状態」とは異なり、仕事への「士気阻喪（そそう）」がみられるため、長期間休養が病状を慢性化させることもある。

4 うつ病以外の メンタルヘルス不調

学習の ポイント　職場でみられるメンタルヘルス不調には、うつ病以外のものもあります。それらの疾患の特徴や症状を把握することは、メンタルヘルスケアを行ううえで非常に大切です。

◎うつ病以外の疾患を正しく理解しよう

①躁うつ病（躁状態）

　うつ病と、うつ状態とは対照的な躁状態という2つの病態が認められます。日本では人口の0.5%前後にみられます。躁うつ病は、「双極性障害」とも呼称されます。

〈躁状態の特徴〉

・睡眠時間が減少しているのに**活動性は高まる**。

・抑制や配慮に欠ける言動の結果、**尊大で横柄な態度**になる。

・大きな声でよくしゃべり、内容も**非現実的で誇大**な傾向になる。

〈双極性障害の種類〉

・双極Ⅰ型障害　⇒　入院治療の必要性がある躁状態

・双極Ⅱ型障害　⇒　入院までには至らない「軽躁」を伴う

重要ポイント

●躁うつ病の進行に伴う特徴

・症状が軽いレベルでは、バイタリティのあふれる仕事熱心な人とみなされることもあるが、症状が進行すると、活動的である一方、パフォーマンスは著しく低下し、**周囲に迷惑をかける状況**となる。

・症状が進行しても、**病識**（病気であるという認識）が薄くなる。

②統合失調症

生涯有病率は0.55％とされ、10代後半～30代前半の若年者に発症しやすい疾患です。

〈統合失調症の特徴〉

・陽性症状　⇒　幻覚（幻聴や幻視など）、妄想、現実と非現実の区別がつかない支離滅裂の思考

・陰性症状　⇒　コミュニケーション障害、意欲・自発性の欠如、引きこもり傾向

重要ポイント

●統合失調症の治療

・陽性症状には**薬物療法が有効**だが、陰性症状には**十分な効き目が表れないこともよくある。**

・陽性症状が安定しても、陰性症状が**後遺障害として残りやすい**ため、仕事に就きながらの療養は難しい。

③アルコール依存症

飲み会での逸脱行為、飲み過ぎによる遅刻や欠勤などの問題行動がみられ、出勤時にアルコール臭がしたりします。

〈アルコール依存症の特徴〉

・精神依存　⇒　毎日飲まずにはいられなくなる。

・身体依存　⇒　アルコールが切れると、手が震える、冷や汗が出る、いらいらする、眠れないなどの症状が現れる。

図表2-11　アルコール依存症の発症例

付き合い程度に酒を飲む
（機会飲酒）

回数が増え毎日飲む
（習慣飲酒）

飲み過ぎて前日のことが思い出せなくなる
（ブラックアウト）

ブラックアウトが
たびたび起こるように
なると要注意！

④パニック障害

動悸、めまい、息苦しさ、非現実感などの**突然起こる不安発作**が繰り返されるものです。

〈パニック障害の特徴〉

・身体検査でも、呼吸器系、循環器系、脳神経系などには明らかな異常所見は認められない。

・電車に乗ったり、人の多い場所に外出することが困難になる（外出恐怖、広場恐怖）。

図表2-12　パニック障害の心理

このまま死んでしまうのではないか （強烈な不安感）	→	また同じように発作が起こるのではないか （予期不安）

重要ポイント

●パニック障害の治療

・薬物治療を中心に治療法がある程度確立しているので、病気の経過は比較的良好。

・症状が良好でも、服薬は **1年程度以上、継続して行う**ことが必要。

⑤適応障害

明らかなストレッサーの発生を契機に、1～3か月以内に症状が出ます。不安、憂うつな気分、行為の障害（無断欠勤、けんか、無謀運転など）が現れ、仕事や日常生活に支障をきたします。

ストレス状態が**解消**されれば、比較的速やかに**症状は消失**します。

〈適応障害の疾患概念〉

①軽度ではあるものの病的な反応を引き起こし得る強さのストレッサーの存在

②ストレッサーに対する個人的な脆弱性や対処能力の問題が推定される

③ストレッサーにより生じているとされる症状は正常な反応で生じ得る

範囲内のものである（他のいずれの診断基準も満たさない）が、臨床的に著しい情緒的苦痛もしくは社会的・職業的な機能の重大な障害を引き起こしている

④「ストレッサーの存在⇒個人の脆弱性・対処能力の問題⇒ストレス状況（情緒的または行為の障害、これによる社会的機能の低下）」という一連の流れの間に因果関係が認められる（了解できること）

⑥睡眠障害

睡眠の障害は、脳の高次機能低下（注意力、集中力、問題処理能力などの低下）を招き、ミスや事故の大きな要因となります。また、身体疾患や精神疾患とも関連しています。

図表2-13のようなものがあります。

図表2-13　睡眠障害の種類と特徴

不眠症
・週に3回以上眠れない状態が1か月以上にわたって継続する。 ・本人が苦痛を感じたり、社会的（職業的）活動に支障をきたす。

過眠症
・日中に我慢できない眠気が襲い、通常では考えられない状況下で発作的に眠ってしまう。 ・代表的なものに、**ナルコレプシー**^(※)がある。 （※）強い眠気発作以外にも、情動脱力発作や入眠時幻覚を伴うことが多い。

概日（がいじつ）リズム睡眠障害
・個人の睡眠覚醒（かくせい）リズムと、社会生活時間帯との大きなズレで生じる。 ・時差症候群や交替制勤務による睡眠障害、**睡眠相後退症候群**（そうこうたい）^(※)などがある。 （※）明け方にならないと眠れず、昼過ぎに起床する。

睡眠関連呼吸障害
・睡眠中の呼吸障害により発症する。 ・代表的なものに、**睡眠時無呼吸症候群**^(※)がある。 （※）睡眠中に、10秒以上連続して呼吸をしない状態や10秒以上換気量が50％以上低下する状態（低呼吸）が反復して認められる。

●不眠症の症状

・入眠障害⇒眠ろうとしても30分〜１時間以上寝つけず、苦痛が
　　生じる。
・中途覚醒⇒入眠した後に、何度も目が覚めてしまう。
・早朝覚醒⇒通常の起床より２時間以上前に覚醒し、その後入眠で
　　きない。
・熟眠障害⇒深く眠った感じが得られない。

●睡眠時無呼吸症候群の２つのタイプ
・閉塞性タイプ⇒喉の構造異常や肥満により、気道が狭くなる。
・中枢性タイプ⇒呼吸運動機能自体に異常が出る。

⑦発達障害

　自閉症、アスペルガー症候群その他の広汎性発達障害、学習障害、注
意欠陥・多動症（ADHD）、その他これに類する脳機能の障害であって、
その症状が通常低年齢において発現するものです。
〈職域での代表的な発達障害〉
●注意欠陥・多動症（ADHD）
⇒不注意・多動性・衝動性などの問題を抱える
⇒集中力や落ち着きのなさ、キレやすい、衝動コントロール不良、ケア
　レスミスの多さ

●アスペルガー症候群（自閉スペクトラム症／自閉症スペクトラム障
　害：ASDに含まれる）
⇒知的障害および言語障害を伴わない自閉症の軽度の型で、イマジネー
　ションの障害やコミュニケーション能力に偏りがあり、対人交渉に質
　的問題を抱える

⇒同僚や上司と良好な対人関係を築けない、周囲の人の気持ちがわからない、会話が一方的になる、予定された業務が変更になるとパニックに陥り融通がきかない

重要ポイント

● 昨今、問題とされるのはその大半が成人になって初めて診断もしくは疑われるケース

● 発達障害の**診断には高度な専門性が必要**となる
発達障害では複数の疾患の併存や、関連する精神障害やパーソナリティ障害との鑑別も必要。

● 職域では診断名以上に、「何ができて、何ができないのか」、「どのような支援があれば、業務を遂行できるのか」という**個別のアセスメントが必要**。

● 発達障害者の心理行動特性は、**ストレス負荷が強い状態で顕著**になりやすい。

参考　脆弱性ストレスモデル

　メンタルヘルス不調は、単純な遺伝性疾患ではない。その人の病気へのなりやすさ（**発症脆弱性**）と、ストレスを引き起こす**環境要件**が複雑に絡み合って起こる。これを「**脆弱性ストレスモデル**」という。
　発症脆弱性には、その人の**素質だけではなく**、生まれてからの学習や経験などで獲得された「**ストレスへの対応力**」が深く関連している。
　統合失調症、うつ病、パニック障害などの不安障害への対応は、「**脆弱性ストレスモデル**」による病態理解が主流となっている。

5 心身症

学習の ポイント
心身症の考え方と心理行動特性や、職場でみられる代表的な心身症の特徴をつかむことも大切です。

1 心身症を正しく理解しよう

　心身症は、高血圧症・糖尿病などに代表される身体疾患のうち、その発症や症状変化と心理社会的要因（ストレス）との間に明らかな対応が認められるものを指します。いわゆる心の病とは異なり、器質的障害と機能的障害が認められる身体疾患の病態でありながら、要因として「心理社会的因子」があげられるため、業務に関連したストレスが重要な位置を占めます。

参考　心身相関

　心身症の発症や症状変化と心理社会的因子との間に、明らかな対応が認められること。
・器質的障害⇒胃潰瘍（かいよう）など
・機能的障害⇒緊張型頭痛など

---

2 従業員にみられる心身症を理解しよう

　心身症がみられる職場では、管理監督者は**業務負荷を再検討**することが大切です。また、**ストレス緩衝要因**である上司や周囲スタッフからのサポート状況を**検討・補強**します。そして、職場全体の雰囲気の修正を図るなど**早期介入**が大切です。

　従業員にみられる心身症には、以下のようなものがあります。

①過敏性腸症候群

　ポリープやがんなどの病気ではないのに、**腹痛を伴う**下痢や便秘などの症状が繰り返し出現する**大腸の疾患**です。たとえば、プレゼンテーション前などストレスを感じる状況で下痢を起こしたりします。

図表2-14　過敏性腸症候群のタイプ

タイプ	特徴
下痢型	大腸全体が微細に痙攣している状態。
便秘型	肛門に近い部位の大腸が強く収縮し、便の通過を妨げている状態。痙攣性便秘といわれる。
不安定型	下痢と便秘の交替型。

重要ポイント

●**特徴**
　・腹痛のほかにも、食欲不振、嘔吐、胸部不快感、頭痛、めまい、不眠、疲れやすいなどの状態が認められる場合もある。
　・不安感、抑うつ感、意欲低下などの精神症状を合併する場合もある。
●**治療上のポイント**
　まず、心身相関への気づきを促し、**本人が主体的に症状をコントロール**できるようになることがポイント。
　・規則正しい食生活と節酒、十分な休養と睡眠によるリズムの回復。
　・症状を悪化させるようなストレッサーへの対策。

②緊張型頭痛

　頭を締め付けられているような頭痛で、脈打つのではなく、連続性の痛みが特徴です。

　なお、偏頭痛にみられるような吐き気はありません。

③摂食障害

　食事や体重に対する常軌を逸したこだわりを示します。やせたいという強い願望や太ることに対する恐怖感が特徴的です。思春期から青年期の女性に多くみられます。神経性食欲不振症と神経性大食症の２つのタイプがあります。

図表2-15　摂食障害のタイプ

神経性食欲不振症（拒食症）	神経性大食症（過食症）
・食事をとらなかったり、食べたものを吐いたり、下剤を乱用したりする。 ・活動性は高い。	・大量の食べ物を一気に食べ、直後に吐いたり下剤を乱用することで体重増加を防ごうとする。 ・過食や嘔吐後は、自己嫌悪に陥り、気分がひどく落ち込むことも少なくない。

重要ポイント

●摂食障害への理解

　「食べる、食べない」という問題行動だけではなく、「本当に困っている問題」は何か、背景を探索して解決する必要がある。

3 メンタルヘルス不調の現れ方と対処を理解しよう

メンタルヘルス不調のサインとなる行動には、図表2-16のようなものがあります。

図表2-16 メンタルヘルス不調のサインとなる行動

不調のサイン	特徴
パフォーマンスの低下	・仕事の能率が低下する。 ・仕事のミスやロスが増える。
勤務状況の悪化	遅刻・早退・欠勤が増える。
対人関係のとり方の悪化	・挨拶^{あいさつ}や付き合いを避ける。 ・他人の言動を気にする。 ・態度が落ち着かず、いらいらする。 ・口数が少なくなる、考え込むようになる。 ・わずかなことで腹を立てたり、反抗する。

また、管理監督者としてとるべき行動は以下のとおりです。

・日ごろから部下と適切なコミュニケーションをとり、**部下が相談しやすい人間関係を構築**しておく。

・メンタルヘルス不調の**サインを早めに察知**する。

・サインが現れた従業員と面談し、業務に起因するものは**職場内で調整**を図る。

・疾病が疑われる場合は、事業場内産業保健スタッフや事業場外の医療機関への受診を確認するなど、**医療につなげる**。

> **重要ポイント**
>
> ●**対処困難な事例は、けっして一人で抱え込まないこと**
>
> ・適切な対応をするためにも、早期に専門家と連携する。
> ⇒管理監督者自身のメンタルヘルス上も多大な負担となる。
> ・事業場内産業保健スタッフが充実していない職場は、事業場外資源の活用も検討する。

6 心の健康問題の正しい態度

**学習の
ポイント**
心の健康問題には、さまざまな誤解も存在しています。存在している誤解を理解することや、誤解を払拭（ふっしょく）することが、メンタルヘルスケアを進めるうえで、とても大切になります。

◎心の健康問題に対する誤解があることを理解しよう

　メンタルヘルス不調は、個人に素質があれば、軽度のストレスでも起きることがあります。また、素質が少なくても、強いストレス環境では引き起こされることがあります。

　さまざまな誤解と正しい考え方を理解しましょう。次ページの図表2-17 にまとめておきます。

重要ポイント

● 心の健康問題への対策
- ・メンタルヘルス不調は、「誰でもなりうる疾患である」という理解が必要。
- ・メンタルヘルス不調は、ライフスタイルの改善やストレス対処により**防げる**。

● 心の健康問題の近年の動き
- ・メンタルヘルス不調者や自殺者は、一定の要件を満たせば労災認定の対象とされる傾向にある。
- ・業務と何らかの関連が認められるメンタルヘルス不調の事例については、事業者の管理責任が問われる傾向にある。

図表2-17　心の健康問題に対する誤解と正しい考え方の例

誤解	正しい考え方
①メンタルヘルス不調は「気合が足りない人」「心の弱い人」など、特殊な人の問題という誤解	メンタルヘルス不調は、特殊な人の心の病ではない。 ⇒特定個人へのアプローチや選別という発想ではない。
	個人の問題ではなく、職場というシステムの問題として捉える必要がある。 ・メンタルヘルスに関わるネットワークやキーパーソンを設置する。 ・手遅れにならないうちに医療にのせられるシステムを構築する。
②メンタルヘルスへの対策は、「経営上あまり関係がない」「経営上は特段プラスにはならない」という誤解	過労自殺や過労死により、周囲の従業員の動揺と職場の士気低下を招く。
	職域のモラル低下を招く。 ⇒事故、ミスの発生と隠蔽につながる。
	労働力の損失となる。 WHO（世界保健機関）の2019年報告 ⇒DALYs（疾病や傷害による平均余命短縮およびQOL（生活の質）低下などによる損失分の合計）によると、日本国内では、精神疾患が第2位、うつ病などと関連性の高い自傷・自殺が第4位となっている（図表2-18）。
③メンタルヘルス不調は「治らない」「不治の病」という誤解	・WHOの『健康報告2001』では、「統合失調症は、様々な経緯をたどるが約3分の1は医学的にも社会的にも完全に回復する」と明記されている。 ・うつ病は、統合失調症以上の治療効果が期待できる。
④一部マスコミの不正確な事件報道等による「メンタルヘルス不調は精神障害者である」「精神障害者は危険である」という漠然とした誤解	・精神障害者の割合は、日本では少なくとも人口の約2%。 ・法務省の『平成30年版犯罪白書』によれば、一般刑法犯の全検挙者に対して精神障害者が占める比率は1.3%にすぎない。

図表2-18　日本におけるDALYs損失原因の上位10疾患（15歳〜49歳男女）

順位	原因疾患
1位	筋骨格系疾患（腰痛、頚部痛ほか）
2位	精神疾患
3位	その他の非感染性疾患
4位	自傷・自殺＆暴力
5位	悪性新生物（各種がん、悪性腫瘍、白血病ほか）
6位	不慮の事故
7位	脳神経系疾患（脳卒中、アルツハイマー病、パーキンソン病ほか）
8位	虚血性心疾患
9位	皮膚疾患
10位	消化器系疾患

（出典）大阪商工会議所編『メンタルヘルス・マネジメント検定試験公式テキスト[Ⅱ種 ラインケアコース]第5版』中央経済社より

確認問題と解答・解説
○×チェック

次の記述のうち、適切と思われるものは○に、
不適切と思われるものは×に、それぞれ丸を付けなさい。

1. 一般的にストレス反応のことをストレッサーと呼ぶ。〈第27回公開試験〉
（ ○ × ）

2. ストレス反応が長く続き、悪化して、うつ状態やうつ病になる場合、一般的には
まず身体症状が出て、次に精神症状が出現し、引き続いて社会活動性の低下、最
後に抑うつ症状などが出現する。〈第27回公開試験〉
（ ○ × ）

3. 慢性ストレス状態では、内分泌系の機能が亢進した状態になり、免疫系と自律神
経系の機能は抑制され、何らかの健康障害が発生し、これがストレス病と呼ばれ
る。〈第27回公開試験〉
（ ○ × ）

4. 脳内のノルアドレナリン、ドーパミン、セロトニンなどの神経伝達物質は、不安
や抑うつ気分、意欲、活動性に密接に関係しており、また、ノルアドレナリンは
血圧や心拍数の増加、血液凝固の低下などの作用もある。〈第27回公開試験〉
（ ○ × ）

5. NIOSH（米国立労働安全衛生研究所）の職業性ストレスモデルにおいて、ストレ
ス反応の強さは、年齢、性別、性格や行動パターン、自己評価、雇用保証期間、
職種などの個人的要因の影響を強く受ける。〈第29回公開試験〉
（ ○ × ）

6. NIOSH（米国立労働安全衛生研究所）の職業性ストレスモデルは、職業に伴う様々
なストレッサーとストレッサーによって引き起こされるストレス反応と病気への
進展を横軸に表している。〈第29回公開試験〉
（ ○ × ）

7. 職場におけるストレス要因として、仕事内容の変化、IT化、降格、ハラスメント
などが挙げられるが、昇進や仕事への適性は該当しない。〈第29回公開試験〉
（ ○ × ）

8. 壮年期（30歳代後半から45歳くらいまで）の労働者は、中堅社員として仕事の
負担が増えているとともに、部下の仕事のマネジメントも求められるプレイング
マネージャーも増えている。〈第29回公開試験〉
（ ○ × ）

9. 少子化、高学歴化により、個人主義傾向が強く、企業への忠誠心や仕事へのコミットメントが低い若年労働者や、自立心や対人関係のスキルが不足した若年労働者の増加がみられる。〈第30回公開試験〉　　　　　　　　　　　　　　　（ ○　　× ）

10. パワーハラスメント、セクシュアルハラスメント、マタニティハラスメントは、女性労働者にとって大きなストレスであり、女性の活躍を阻害する要因の一つとなっており、女性の活躍を推進するために男女雇用機会均等法などのほかに、2015年に女性活躍推進法が制定された。〈第30回公開試験〉　　　　　　　　（ ○　　× ）

11. NIOSHの職業性ストレスモデルにおける職場のストレッサーには、職場環境、対人責任性、仕事のコントロール、仕事の将来性不安、雇用保証期間、職種（肩書）などが含まれる。〈第30回公開試験〉　　　　　　　　　　　　　　　　（ ○　　× ）

確認問題と解答・解説
解答・解説

番号	解答	解説
1	×	個人にとって負担となるようなできごとや周囲からの要請をストレッサーといいます。
2	○	設問のとおりです。
3	×	慢性ストレス状態では、内分泌系と自律神経系の機能が亢進した状態になり、免疫系の機能は抑制されます。
4	×	ノルアドレナリンは血液凝固の低下の作用ではなく、促進する作用があります。
5	○	NIOSH の職業性ストレスモデルにおいて、ストレス反応の強さに影響を与える要因のひとつに個人的要因があり、年齢、性別、自己評価（自尊心）、雇用保証期間、職種（肩書）などがあります。
6	○	設問のとおりです。
7	×	職場におけるストレス要因には、役割・地位の変化があり、昇進や配置転換が該当し、その他には仕事への適正や職場の雰囲気なども当てはまります。
8	○	過重労働が問題になりやすい年代であり、業務内容も複雑化、高度化してストレスが増えていると考えられます。
9	○	設問のとおりです。
10	○	設問のとおりです。
11	×	NIOSH の職業性ストレスモデルでは、雇用保証期間と職種（肩書）は個人的要因に含まれます。

第 **3** 章

職場環境等の
評価および改善の方法

1 職場環境等の評価方法

職場の環境改善を行うには、ストレスの原因となる職場環境を理解することと、職場環境をチェックするポイントおよび評価方法を把握することが必要になります。

1 ストレスの原因となる職場環境を理解しよう

職場にストレスが増加した背景は、図表3-1のとおりです。

図表3-1　ストレス増加の背景

また、職業性ストレスの原因となる職場環境には、図表3-2のようなものがあります。

重要ポイント

●とくに健康への影響が高い3つの原因

・**仕事の要求度が高い**⇒仕事の負荷、責任など

・**仕事のコントロール度が低い**⇒従業員の裁量権や自由度

・**上司や同僚の支援が得られない**⇒職場の人間関係

図表3-2　職業性ストレスの原因となる項目と詳細の例

原因となる項目	原因の詳細
作業内容及び方法	①仕事の負荷が大きすぎる。あるいは少なすぎる。 ②長時間労働である。あるいはなかなか休憩がとれない。 ③仕事の役割や責任がはっきりしていない。 ④従業員の技術や技能が活用されていない。 ⑤繰り返しの多い単純作業ばかりである。 ⑥従業員に自由度や裁量権がほとんど与えられていない。
職場組織	①管理者・同僚からの支援や相互の交流がない。 ②職場の意思決定に参加する機会がない。 ③昇進や将来の技術や知識の獲得について情報がない。
職場の物理化学的環境	①重金属や有機溶剤などへの暴露。 ②好ましくない換気、照明、騒音、温熱。 ③好ましくない作業レイアウトや人間工学的環境。

(出所) 川上憲人・原谷隆史『職場のストレス対策　第2回　職業性ストレスの健康影響』産業医学ジャーナル、22巻、
　　　 P.51、1999年
(出典) 大阪商工会議所編『メンタルヘルス・マネジメント検定試験公式テキスト[Ⅱ種ラインケアコース]第5版』中央経済社より。

2　職場環境のチェックポイントを理解しよう

　職場環境の具体的な問題を把握する方法には、以下のものがあります。

・日常の職場管理や**従業員の観察**
・部下への**インタビュー**
・ストレスチェック制度における集団分析の活用
・職場改善のためのヒント集の活用
・事業場内産業保健スタッフによるストレスに関する調査

参考　労働者の心の健康の保持増進のための指針（新指針）「広義の職場の環境改善」

　新指針では、「職場レイアウト、作業方法、コミュニケーション、職場組織の改善などを通じた職場環境等の改善は、労働者の心の健康の保持増進に効果的である」としている。

　従来のメンタルヘルスケアは、個人向けの対応に重点をおいていた。新指針では、メンタルヘルスケアを**環境と個人の両側面の対応**として捉えている。

3　ストレスの評価方法を理解しよう

　職場でのストレス評価は、**信頼性の高さ**、**調査の容易さ**などの理由から、質問紙調査が利用されます。代表的なものに労働省（現・厚生労働省）が開発した「職業性ストレス簡易調査票」があります。

① 「職業性ストレス簡易調査票」の特徴

・ストレス反応だけでなく、職場の**ストレス要因**や**修飾要因**も評価できる。
・**あらゆる業種で使用できる**。
・従業員への**負担があまり多くない**。
・調査票とフィードバックプログラムは、**WEBから無料でダウンロード**できる。
・調査結果は、「**仕事のストレス判定図**」で全国平均と比較できる。
・ストレスチェック制度においても使用が推奨されている。

図表3-3　「職業性ストレス簡易調査票」の質問項目

質問項目		項目数
仕事のストレス要因		17項目
ストレス反応		29項目
修飾要因	社会的支援	9項目
	満足度	2項目
合計		57項目

② 新職業性ストレス簡易調査票による職場環境の評価

2012年に職業性ストレス簡易調査票に新しい視点で尺度を追加した新職業性ストレス簡易調査票が開発され、公開されています。これまでの調査票はネガティブな側面から作成されていましたが、新しい調査票は仕事のポジティブな面を評価して、よい点を伸ばす視点に立っています。

重要ポイント

●職場環境等の評価と改善

・必要に応じて、職場環境に適した独自のチェックリストで、**定期的に行うことが有効**。
・ILO（国際労働機関）の職場ストレス対策についての報告
　⇒個人向けのアプローチの効果は**一時的・限定的**であり、職場環境等の改善を通じた対策のほうが**より効果的**。
・**管理監督者と従業員が自主的に取り組む**システムを作り、産業保健スタッフ等の**専門家から支援を受ける**ことが大切。
・従業員の健康と企業の生産性とは**相互作用（健康職場モデル）**

参考　仕事のストレス判定図

　職業性ストレス簡易調査を実施した場合、「仕事のストレス判定図」を用いると、仕事の量的負担、仕事のコントロール度、上司・同僚の支援が評価でき、管理監督者向けのフィードバックとして利用できる。
　この評価をもとに、産業保健スタッフと職場環境について話し合いを行ったり、厚生労働省の「職場環境改善のためのヒント集」（メンタルヘルスアクションチェックリスト）を使った職場全体での討議など、職場環境改善に向けて取り組みやすくなる。

③ 総合的な職場環境評価の重要性

・管理監督者が日常の業務管理のなかで、ストレスの原因や従業員のストレスのサインに気づく。
・小グループ活動や職場安全衛生委員会で、意見を取り上げる。

2 職場環境等の改善方法

職場の環境改善は、ツールを使うことで効率的・効果的に実施することができます。特に、メンタルヘルスアクションチェックリストの特徴と項目を把握することが必要になります。

1 メンタルヘルスアクションチェックリストを活用しよう

　職場環境改善のためのヒント集（メンタルヘルスアクションチェックリスト）とは、職場環境等の改善方法を提案するために新しく作成されたツールです。従業員の参加のもとに、ストレスを減らし、心の健康を増進するためのヒント集です。

・現場で利用しやすい**6つの領域30項目**に集約・整理してある。

・すぐに取り組む優先対策を検討することに有効。

・従来の「危険箇所点検リスト」や「確認リスト」など、合否判定に利用される一般的なチェックリストとは異なる。

〈職場環境改善の進め方〉

・職場環境改善を進めるためには、自分たちの職場で**ストレス対策に役立った事例**を集めることが大切。

・**良好事例**から学んで対策を進めることで、ストレスを軽減する**手法として効果的**となる。

2 職場環境改善のためのヒント集の項目と改善ポイントを把握しよう

　図表3-4は、メンタルヘルスアクションチェックリストの項目です。職場環境等の改善には、図表3-5にあげる4つのポイントがあります。

図表3-4　職場環境改善のためのヒント集の項目

	領域	アクション項目
A	作業計画の参加と情報の共有	1. 作業の日程作成に参加する手順を定める 2. 少数人数単位の裁量範囲を増やす 3. 個人あたりの過大な作業量があれば見直す 4. 各自の分担作業を達成感あるものにする 5. 必要な情報が全員に正しく伝わるようにする
B	勤務時間と作業編成	6. 労働時間の目標値を定め残業の恒常化をなくす 7. 繁盛期やピーク時の作業方法を改善する 8. 休日・休暇が十分取れるようにする 9. 勤務体制、交替制を改善する 10. 個人の生活条件に合わせて勤務調整ができるようにする
C	円滑な作業手順	11. 物品と資材の取り扱い方法を改善する 12. 個人ごとの作業場所を仕事しやすくする 13. 作業の指示や表示内容をわかりやすくする 14. 反復・過密・単調作業を改善する 15. 作業ミス防止策を多面に講じる
D	作業場環境	16. 温熱環境や音環境、視環境を快適化する 17. 有害環境源を隔離する 18. 職場の受動喫煙を防止する 19. 衛生設備と休養設備を改善する 20. 緊急時対応の手順を改善する
E	職場内の相互支援	21. 上司に相談しやすい環境を整備する 22. 同僚に相談でき、コミュニケーションがとりやすい環境を整備する 23. チームワークづくりを進める 24. 仕事に対する適切な評価を受け取ることができる 25. 職場間の相互支援を推進する
F	安心できる職場のしくみ	26. 個人の健康や職場内の健康問題について相談できる窓口を設置する 27. セルフケアについて学ぶ機会を設ける 28. 職場の将来計画や見通しについて、いつも周知されているようにする 29. 昇進・昇格、資格取得の機会を明確にし、チャンスを公平に確保する 30. 緊急の心のケア体制をつくる

図表3-5　職場改善を行うポイント

①自分たちの職場に目を向ける	改善計画を立て、日常の実践経験に積み上げる。
②良好事例に学ぶスタイルをつくる	自分たちの職場や同じ職種・企業系列の事例に習う。
③具体的な働きよさをめざす	健康リスクを取り上げ、活力のある職場をめざす。
④実行して習うステップを踏む	・メンタルヘルスアクションチェックリストの内容を自分たちの職場条件に合わせて再設計する。 ・実施から評価までの全ステップを体験する。

3 ラインによる具体的な進め方と対策への評価

学習の
ポイント 管理監督者の役割と他部門との連携のポイントを把握することが大切
です。また、対策の評価のポイントを理解することも重要になります。

1 ラインによる具体的な進め方を把握しよう

　管理監督者がすぐに検討できる内容には、「作業レイアウトの改善」、「勤務スケジュールの改善」、「過大な負担の軽減」、「休憩時間の確保」、「上司や同僚からの支援（得やすくする）」があります。

重要ポイント

●管理監督者に求められること

・日常の職場管理等による職場環境等の**具体的問題点**の把握
・**従業員の意見**を踏まえての改善手法の実施
・事業場内産業保健スタッフや事業場外資源からの**助言・協力**
・改善効果の定期的な**評価と見直し**および**継続的な取り組み**

2 改善のための他部門との連携を理解しよう

●事業場内産業保健スタッフと連携する

　産業医や産業保健スタッフなどの事業場内産業保健スタッフは、定期的に（または必要に応じて）職場内のストレス要因を調査します。**職場巡視**（観察）、上司と従業員本人からのヒアリング（聞き取り調査）などの方法があります。

そして、職場内のストレス要因を把握し評価します。また、必要があれば管理監督者に**助言し**、**管理監督者と協力**しながら改善を図ります。

●人事労務管理スタッフと連携する

人事労務管理スタッフは、**職場配置、人事異動**などの**人事労務管理上のシステム**が従業員の健康に及ぼす影響を具体的に把握します。

人事労務管理上のシステムの問題は、**管理監督者だけでは解決できない**ため、協力が必要です。

●衛生委員会等と連携する

労働安全衛生法により、常時50人以上の労働者を使用する事業場には、**衛生委員会の設置**が義務づけられています。

「労働者の心の健康の保持増進のための指針」では、職場環境改善のために衛生委員会を**有効に活用する**よう示されています。

3 対策の評価方法を理解しよう

職場環境改善を実施した場合、**次のステップを検討する**ために効果を**判定する**ことが重要です。

図表3-6 対策の評価方法

評価方法	内容
計画実施状況（プロセス）の評価	計画された改善提案がどの程度実施されたか、改善実行レベルで評価する方法
取り組みによる効果（アウトカム）の評価	改善前後の労働者の健康状態を評価する方法
労働安全衛生マネジメントシステム（OSHMS）における評価方法	職場単位でのストレスチェックの結果の評価をリスクアセスメントと位置づけ、OSHMSにおける監査のステップで実施して評価する方法
ISO45001（OSHMSの国際規格）の取得、導入	既存のマネジメントシステムに取り組んでいる組織は、労働安全衛生を含む統合マネジメントシステムとして運用することが可能

確認問題と解答・解説
○×チェック

次の記述のうち、適切と思われるものは○に、
不適切と思われるものは×に、それぞれ丸を付けなさい。

※下線部は補足修正

1. 従来のメンタルヘルスケアでは、個人向けの対応に重点が置かれる傾向があったが、近年の労働者のストレス状況を踏まえ、メンタルヘルスケアは環境と個人の両側面の対応が重要となっている。〈第27回公開試験〉　　　　　　　　　　（　○　　×　）

2. 仕事のストレスの原因は、作業内容及び方法によるもの（例：従業員に自由度がほとんど与えられていない）、職場の物理化学的な環境によるもの（例：好ましくない作業レイアウト）、職場組織によるもの（例：職場の意思決定に参加する機会がない）に大きく分けられる。〈第27回公開試験〉　　　　　　　　（　○　　×　）

3. ILO（国際労働機関）の報告では、（1）世界各国の職場ストレス対策の成功事例のうち半数以上が職場改善、組織の再構築などの対策であったこと、（2）個人向けのアプローチの効果が一時的、限定的であり、職場環境などの改善を通じた対策のほうがより効果的だったこと、を強調している。〈第27回公開試験〉

（　○　　×　）

4. 職場環境改善のためのヒント集に関して、日本全国から職場環境等の改善事例を収集したうえで、現場で利用しやすい6つの領域30項目に集約・整理されている。〈第29回公開試験〉　　　　　　　　　　　　　　　　　　　　　　　（　○　　×　）

5. 職場環境改善のためのヒント集に関して、現場ですぐに、既存の資源を活用しながら低コストで改善できる優先対策をチェックできる。〈第29回公開試験〉

（　○　　×　）

6. 職場環境改善のためのヒント集に関して、「危険箇所点検リスト」や「確認リスト」などと同様に、合否の判定や点数化による職場のランクづけができる。〈第29回公開試験〉　　　　　　　　　　　　　　　　　　　　　　　　　（　○　　×　）

7. 「労働者の心の健康の保持増進のための指針」（厚生労働省、2006年、2015年改正）では、「職場レイアウト、作業方法、コミュニケーション、職場組織の改善などを通じた職場環境等の改善は、労働者の心の健康の保持増進に効果的である」とされている。〈第30回公開試験〉　　　　　　　　　　　　　　　　（　○　　×　）

8. 仕事のストレスの原因のうち、「作業内容及び方法」に分類されるものには、「従業員の技術や技能が活用されていない」「仕事の役割や責任がはっきりしていない」などがある。〈第30回公開試験〉　　　　　　　　　　　　　　　（　○　　×　）

9. 仕事のストレスの原因のうち、「職場組織」に分類されるものには、「管理者・同僚からの支援や相互の交流がない」「従業員に自由度や裁量権がほとんど与えられていない」「職場の意思決定に参加する機会がない」などがある。
〈第30回公開試験〉　　　　　　　　　　　　　　　　　　　　　　　（　○　　×　）

10. 職場環境を悪くしている原因がないか、具体的な問題を把握するためにストレスチェック制度における集団分析の結果を活用することもよい方法である。
〈第30回公開試験〉　　　　　　　　　　　　　　　　　　　　　　　（　○　　×　）

解答・解説

番号	解答	解説
1	○	設問のとおりです。職場向けの対応には、職場レイアウト、作業方法、コミュニケーション、職場組織の改善などがあります。
2	○	設問のとおりです。職業性ストレスの原因となる項目と詳細の例になります。
3	○	設問のとおりです。職場改善を主体にしたストレス対策を行う動きは、国際的にも大きな流れになっています。
4	○	設問のとおりです。
5	○	設問のとおりです。
6	×	合否の判定や点数化による職場のランクづけに利用するといった一般的なチェックリストとは異なり、職場環境等の改善方法を提案するためのものです。
7	○	設問のとおりです。
8	○	設問のとおりです。
9	×	仕事のストレスの原因において、「従業員に自由度や裁量権がほとんど与えられていない」は、「職場組織」ではなく、「作業内容および方法」に分類されます。
10	○	設問のとおりです。

第 4 章

個々の従業員への配慮

1 注意すべき ストレス要因

学習の ポイント 職場でのストレス要因を理解することが大切です。特に、労災認定において「心理的負荷が強い」とされるものや、長時間労働の目安となる基準を把握することが必要となります。

1 業務による心理的負荷を理解しよう

「心理的負荷による精神障害等に係る業務上外の判断指針」からストレス評価基準をわかりやすく具体的に示した、「心理的負荷による精神障害の認定基準」に2011年厚生労働省より策定されました。心理的負荷の総合評価を「強」とするものは、図表4-1・図表4-2のとおりです。2020年にはパワーハラスメント防止対策の法制化にともない、パワハラに関しても評価対象に加わるなどの改正がありました。

図表4-1　心理的負荷が「強」と判定される心理社会的ストレス

出来事の類型		具体的出来事
職場における心理的負荷	事故や災害の体験	重度の病気やケガをした
	仕事の失敗、過重な責任の発生等	業務に関連し、重大な人身事故、重大事故を起こした
		会社の経営に影響するなどの重大な仕事上のミスをした
	身分の変化等	退職を強要された
	パワーハラスメント	身体的攻撃、精神的攻撃等のパワーハラスメントを受けた
	対人関係のトラブル	ひどい嫌がらせ、いじめ、または暴行を受けた
職場以外の心理的負荷	自分の出来事	離婚又は夫婦が別居した
		自分が重い病気やケガをした、または流産した
	自分以外の家族・親族の出来事	配偶者や子供、親、または兄弟が死亡した
		配偶者や子供が重い病気やケガをした
	金銭関係	多額の財産を損失した、または突然大きな支出があった
	事件、事故、災害の体験	天災や火災などにあった、または犯罪に巻き込まれた

図表4-2　業務による強い心理的負荷

①心理的負荷が極度のもの	②極度の長時間労働
・生死にかかわる、極度の苦痛をともなう、または永久労働不能となる後遺障害を残す業務上の病気やケガをした（業務上の傷病により6か月を超えて療養中に症状が急変した極度の苦痛をともなった場合を含む）。 ・業務に関連し、他人を死亡させ、または生死にかかわる重大なケガを負わせた（故意によるものを除く）。 ・強姦や、本人の意思を抑圧して行われたわいせつ行為などのセクシュアルハラスメントを受けた。 ・その他、上記に準ずる程度の心理的負荷が極度と認められるもの	発病直前の1か月におおむね160時間を超えるような、またはこれに満たない期間にこれと同程度の（たとえば3週間におおむね120時間以上の）時間外労働を行った（休憩時間は少ないが手待時間が多い場合等、労働密度が特に低い場合を除く）。

（出典）大阪商工会議所編『メンタルヘルス・マネジメント検定試験公式テキスト［Ⅱ種　ラインケアコース］第5版』中央経済社より。

2　長時間労働による精神的疲労を理解しよう

　長時間労働による精神的疲労は、うつ病などのメンタルヘルス不調を発症させる**有力な要因**と考えられます。労働時間数とメンタル不調発症との関連性に**具体的**基準はありませんが、図表4-3が目安となります。

図表4-3　労働時間とメンタルヘルス不調との関連の目安

目安となる法令・指針等	目安
労働基準法第36条第2項の規定に基づき労働基準法第36条第1項の協定で定める労働時間の延長の限度等に関する基準を定める告示（1998年12月公表、2000年12月・2003年10月改）	労働組合との限度時間を超える協定の禁止 ・1か月単位の時間外労働協定 ⇒ 45時間が限度。 ・2か月単位の時間外労働協定⇒81時間が限度。 ・3か月単位の時間外労働協定 ⇒ 120時間が限度。 ・1年単位の時間外労働協定 ⇒ 360時間が限度。
過重労働による健康障害防止のための総合対策について（2002年2月公表、2006年3月・2008年3月改正）	脳血管疾患および虚血性心疾患等の発症と時間外労働時間の関連（第1章第8節図表1-10参照） ・発症前1～6か月間に45時間を超える時間外労働 ⇒ 業務と発症との関連が徐々に強まる。

重要ポイント

●医師による面接指導

　超過時間が1か月当たりで80時間を超え、かつ、疲労の蓄積が認められる従業員が自ら申し出た場合には、**医師による面接指導**を行うことが義務づけられている（第1章第4節図表1-3参照）。

2 時間外労働とその他のストレス要因

時間外労働による精神的疲労の兆候を把握することが大切です。
また、時間外労働による精神的疲労以外のストレス要因も把握する必要があります。

1 長時間労働等による精神的疲労の兆候を理解しよう

　長時間労働による精神的疲労から起きるメンタルヘルス不調のうち、もっとも多いのはうつ病です。

　メンタルヘルス不調を発症するストレス要因として、長時間労働による精神的疲労以外には、図表4-4のようなものがあります。

　①～③のストレス要因は、うつ病などのメンタルヘルス不調の発症リスクが高くなります。

図表4-4　職場でみられるストレス要因の例

ストレス要因	体験・状況の例	注意点
①自信を失う体験	・新しい担当業務が思うようにいかない。 ・仕事上で大きな失敗をする。 ・上司からの評価が悪い。 ・昇進が遅れる。 ・左遷と思われる人事異動を命じられる。 ・上司から能力がないといった叱責をたびたび受ける。	—
②社会的に糾弾される立場	・社会的に重大な事件や事故の責任を追及される。 ・世間から厳しい批判を受ける。	自殺に至る危険もある。
③孤立無援の状況	・一人で海外等の遠隔地で困難な業務を遂行する。 ・一人で長期間取引先に常駐し業務を遂行する。 ・職場で孤立する。	自殺に至る危険もある。

2 仕事以外のストレス要因を理解しよう

メンタルヘルス不調は、仕事以外の要因でも起きることがあります（図表4-5）。

喪失体験によるメンタルヘルス不調の多くは、うつ病を発症します。

図表4-5　仕事以外のストレス要因

ストレス要因	状況
喪失体験 （大切なものや親しいものを失う体験）	・引越し　・家族の死　・子どもの独立　・離婚　・失恋 ・体力の衰え　・能力の衰え　など
悩みの種	・自分自身の重い病気・ケガ　・多額の財産の損失 ・災害または犯罪に巻きこまれた　・家族の死亡・重い病気
責任の増大	・自分自身の結婚 ・自分自身または配偶者の出産　など

3 ストレス要因がみられる従業員への対応を理解しよう

従業員のストレスに対し、管理監督者としては図表4-6のような対応が求められます。

図表4-6　上司のとるべき対応

ストレス	上司の取るべき対応
メンタルヘルス不調の発病につながるおそれがある場合	・ストレス要因を極力職場から排除する。 ・注意深く様子を観察し、声をかけて**心身の健康状態**を確認する。
メンタルヘルス不調につながるおそれはない場合。または、ストレス要因が私生活でのできごとの場合	・さりげなく心身の状態を聞く。 ・無理の起きない範囲で注意を向ける。
ストレス要因は認められないが、勤務態度や言動に変化がみられる場合	必ず声をかけ、**心身の状態**を確認する。

3 ストレス状態の軽減方法

ストレスを軽減するために、休養と睡眠のほか、運動や食事の重要性を
理解することが必要です。また、リラクセーションも非常に有効な手段で
すので、種類と特徴を押さえておきましょう。

1 休養と睡眠の重要性を理解しよう

　休養がとれなかったり、睡眠不足が続くことにより、心身の健康に悪
影響を及ぼします。特に、不眠は、うつ病のリスクを高めてしまい、業
務に対してもさまざまな影響を与えるものとなります。質のよい睡眠を
とるように心がけましょう。

図表4-7　休養・睡眠の不足

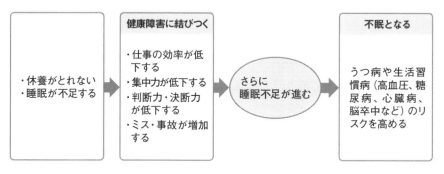

2 質のよい睡眠を得るための睡眠指針を知ろう

　快適な睡眠を得るために、厚生労働省から公表されている「健康づく
りのための睡眠指針」が参考になります（図表4−8）。

図表4-8　健康づくりのための睡眠指針

1．適度な運動、しっかり朝食、ねむりとめざめのメリハリを

①定期的な運動が効果的、激しい運動はかえって睡眠を妨げる

②朝食はからだと心のめざめに重要

③「睡眠薬代わりの寝酒」は睡眠を悪くする

④就床前の喫煙やカフェイン摂取を避ける

2．睡眠による休養感は、こころの健康に重要

①眠れない、睡眠による休養感がない場合は、こころのSOSの場合あり

②睡眠による休養感がなく、日中も辛い場合、うつ病の可能性も

3．年齢や季節に応じて、昼間の眠気で困らない程度の睡眠を

①自分にあった睡眠時間があり、8時間にこだわらない

②年齢を重ねると睡眠時間は短くなるのが普通

③日中の眠気で困らない程度の自然な睡眠が一番

4．良い睡眠のためには、環境づくりも重要

①自分にあったリラックス法が眠りへの心身の準備となる

②不快な音や光を防ぐ環境づくり、寝具の工夫

5．目が覚めたら日光を浴びる

①目が覚めたら光を浴びて体内時計をスイッチオン

②夜更かしは睡眠を悪くする

6．疲労回復・能率アップに、毎日十分な睡眠を

①日中の眠気が睡眠不足のサイン

②睡眠不足は結果的に仕事の能率を低下させる

③睡眠不足が蓄積すると回復に時間がかかる

④午後の短い昼寝でリフレッシュ

7．眠くなってからふとんに入り、起きる時刻は遅らせない

①眠たくなってから寝床に就く、就床時刻にこだわりすぎない

②眠ろうとする意気込みが頭を冴えさえ寝つきを悪くする

③眠りが浅いときは、むしろ積極的に遅寝・早起きに

8．いつもと違う睡眠には要注意

①睡眠中の激しいいびき・呼吸停止、手足のびくつき・むずむず感や歯ぎしりは要注意

②眠っても日中の眠気や居眠りで困っている場合は専門家に相談

（出所）厚生労働省『健康づくりのための睡眠指針2014』より一部改変
（出典）大阪商工会議所編『メンタルヘルス・マネジメント検定試験公式テキスト[Ⅱ種ラインケアコース]第5版』中央経済社より。

●快適な睡眠のために

①光

朝の光を浴びるとメラトニンが生成され、14 〜 16 時間後に身体に分泌されて眠気が生じます。

②体温

人は眠りに入る過程で体温が約 1 度低下し、深い眠りに入ります。

③自律神経系

昼間は活動するために交感神経が優位になり、夜は休息するよう副交感神経が優位となります。

④寝室環境

寝室が明るすぎる、暑すぎる、騒音があるなどは、入眠の妨げになります。

●効果が現れない場合は専門家に相談する

うつ病では、早朝に目が覚めてしまいそれから眠れない、または、熟眠感が得られないなどの睡眠障害が起こります。前ページの図表 4 − 8 の健康づくりのための睡眠指針を実践しても効果が現れない場合は、専門家に相談することも必要です。

図表4-9　効果が現れない場合

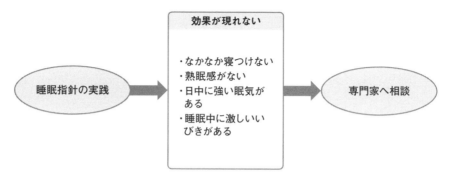

3 運動と食事の重要性を理解しよう

　さまざまな調査研究から、運動や食事が抑うつの予防に効果的であるという結果が出ています。そして、健康にも、大きく影響していることが明らかになっています。

図表4-10　抑うつの予防

運動	生活習慣病の改善のためだけでなく、心の健康にも大切な役割 ・ストレス解消だけではなく、うつ病などの精神疾患の症状改善効果 ・運動習慣は熟睡を促進 ・寝る前の強い運動は逆効果
食事	食事は身体の健康だけではなく、心の健康にも大きく影響 ・ストレスが加わると、アドレナリンやコルチゾールが分泌し、ストレスに対抗するためにビタミンB・C群が必要 ・カルシウム、マグネシウムは精神安定に効果

4 リラクセーションを理解しよう

　心身をリラックスさせることでストレス軽減を図るものとして、リラクセーションがあります。

　リラクセーションを行うときの共通的なポイントは、以下のとおりです。

・楽な姿勢と服装で行う。

・静かな環境で行う。

・イメージや音楽など心を向ける対象をつくる。

・受動的態度で行う。

　さまざまな方法がありますが、代表的なものは、呼吸法、漸進的筋弛緩法、自律訓練法などです。その他にも、音楽、ヨガ、アロマテラピーなどもありますが、自分に合うものをみつけて実践することが大切です。

4 過重労働の防止

学習の ポイント	メンタルヘルスケアにおいて過重労働の防止が非常に大切になります。長時間労働から健康障害に至るメカニズムを知ることと、過重労働防止の対策のポイントを理解することが必要です。

1 過重労働がメンタルヘルスに与える影響を理解しよう

　過重労働は、心身の疲労を蓄積させ、ストレス対応能力を低下させる要因と考えられ、精神障害の準備状態を形成します。

重要ポイント

●衛生委員会の活用

　過重労働の抑制と、メンタルヘルス不調等の取り組みは事業者がその対応を進めることを全労働者に伝え、運営組織を構成し、計画的に進める最適な組織として、衛生委員会（または安全衛生委員会）がある。

●地域産業保健センターの活用

　小規模事業場（常時50人未満の労働者を使用する事業者）は、地域産業保健センターを活用することで、医師による面接指導のサービスを受けることができる。

2 長時間労働による健康障害のメカニズムを把握しよう

　企業には「定期健康診断」を実施する義務があります。健康診断時に何らかの**異常所見を指摘**される従業員の割合は56.6％（2019年度）まで上昇しています。

図表4-11　長時間労働による健康障害のメカニズム

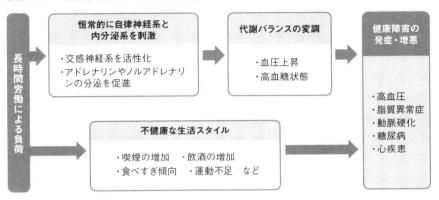

重要ポイント

●**過重労働による健康障害を防止するため事業者が講ずべき措置**

①時間外・休日労働時間の削減

②年次有給休暇の取得促進

③労働時間等の設定の改善

④労働者の健康管理に係わる措置の徹底

●**生活習慣病予防のための特定健診・特定保健指導の義務化**

・40歳から74歳の医療保険加入者（被保険者・被扶養者）が対象

・特定健診は特定保健指導の対象者を絞り込むためのスクリーニング作業

・特定保健指導はメタボリックシンドローム該当者もしくはその予備軍が対象者

・生活習慣を改善させて、将来において生活習慣病への罹患を抑制することが目標

⇒メタボリックシンドロームの診断基準

5 ストレスへの対処

学習の
ポイント ストレスへの対処は、メンタルヘルスケアの基本です。ストレス対処行動の種類や段階に応じての効果的な方法、職場によるサポートを理解することがとても大切です。

1 ストレス対処行動を理解しよう

●ストレス反応を回避するための行動をとる

ストレッサーを取り除いたり、**ストレス反応の発生を抑える**効果のある行動を**コーピング**といい、大きく2つに分類されます（図表4-12）。

図表4-12 コーピングのタイプと例

種類	目的	例
問題焦点型コーピング	ストレッサーを取り除く。	・ぎすぎすとした人間関係を良好な関係に戻す。 ・業務量が多すぎるため、上司に相談して調整してもらう。
情動焦点型コーピング	ストレッサーによって引き起こされた、怒りや不安などの情緒不安定を低減させる。	・いやなことを忘れるために酒を飲む。 ・心身をリラックスさせる（リラクセーション）。

重要ポイント

●コーピングの選択

・一般に、問題焦点型コーピングは、**課題解決に直結**することから**好ましいコーピング**といわれている。

⇒問題焦点型でも解決できないストレッサーも存在する。

・通常、問題焦点型と情動焦点型の2種類のコーピングを状況に合わせて選択していることが多い。

●ストレス発生の段階に応じたコーピングを行う

　刺激（ストレッサー）を受けストレスが発生していく段階に応じて、有効なコーピングが異なってきます（図表4-13）。

図表4-13　ストレス発生の段階に応じた効果的なコーピング

段階	コーピング
刺激の発生 ストレッサーとなりやすい刺激を生み出さない（ストレッサーと認知しない）。	**刺激の発生を阻止する** ・配置転換 ・生活習慣の改善　など

段階	コーピング
認知的評価 刺激をストレスと受け止めない方法で、ストレッサー発生を阻止する。 ※認知＝ものの見方・考え方	**物事の受け取り方（認知）を変える** ・100%完全主義的な考え方をやめる ・悲観的にならずに前向きに考える ・解決に向けた自信をもつ ・信頼できる人からの援助を受ける ・結果ではなく、プロセスを重視する　など

段階	コーピング
情動的興奮 リラックスすることで気分を安定させ、情緒不安定を改善する。	**情動興奮を抑える（リラクセーションが有効）** ・アロマテラピー、腹式呼吸、瞑想 ・休憩、入浴、喫茶 ・相談相手をつくる　など

段階	コーピング
身体的興奮 身体の興奮を抑える。	**身体的興奮を発生させるコルチゾールを消費させる有酸素運動が有効** ・ウォーキング、サイクリング、ゆったりした水泳などが効果的 ・リラクセーション（筋緊張を低減させる）

2 コーピングスキルを高める方法を理解しよう

　個人のストレスへの関心度やストレス低減のための努力度に応じて、コーピングスキルを高めるための指導を行います。

　図表4-14のようにアプローチを変える必要があります。

図表4-14　コーピングスキルの指導のアプローチ

自分のメンタルヘルスや ストレスへの関心	効果的なアプローチ
関心がない段階	・適切なコーピングについての利点を数多く伝える。 ・練習できる機会をつくる。
関心はあるが、何も実行しようとしない段階	・個人面接を通して、面接者の傾聴によって、本人が変わりたいと思える動機づけを高める。 ・家族などへの影響を理解させる。 ・ストレス低減に励むようになった人の例を示す。
関心があり、実際に何かを始めた段階	・個人面接を通して、実行をさらに強化させる。 ・個人で得た知識に誤りがあれば修正し、正しい知識を伝える。 ・実行できるように環境を整える。
関心があり、継続的にストレス低減に努めている段階	・ストレス対処に努める前の状態に戻らないよう予防する。

重要ポイント

●すべての段階に共通するアプローチ

　・ストレスについて**正しい知識**をもたせる。

　・個人の **QOL（生活の質）** の向上にも役立つという認識をもたせる。

3 ソーシャルサポートの必要性を理解しよう

　個人のストレスを弱めたり、なくしたりするためには、周囲からのサポートが欠かせません。周囲からのサポートを**ソーシャルサポート（社会的支援）** といいます。

　ソーシャルサポートは**ストレス低減**に直接的な効果があり、その他の対処行動の効果を強めるなど、**ストレス予防にも重要**です。

図表4-15　ソーシャルサポートの種類

種類	目的と効果	サポートの例
情緒的サポート	「やる気」を起こさせ、情緒的に安定させる。	声を掛ける、傾聴する、慰める、励ます、笑顔で対応する、見守る。
情報的サポート	問題解決に役立つ情報を与え、問題解決を間接的に進める。	必要な知識を与える、助言する、研修をする、困難を予期する、専門家を紹介する。
道具的サポート	問題解決のため実際に手助けし、問題解決を直接的に進める。	共同で処理する、効率化のための処置をする、金銭的サポートをする。
評価的サポート	仕事ぶりや業績などを適切に評価することで、自己評価が高まり心理的に安定する。	努力を評価する、ほめる、適切な人事考課をする、仕事のフィードバックをする。

重要ポイント

● **サポートする人の役割**

・**包括的なサポート**に努める。

　⇒必要に応じて、４つのサポートを組み合わせて提供する。

　また、サポートはむやみに与えても効果はありません。個人の適性に合わせたサポートが必要です（図表4-16）。

図表4-16　労働者の適性に合わせたサポート

労働者の状況	適したサポート
①適応状態が好ましく、現在の仕事に適性があると判断される。	精力的にがんばっている場合は過剰適応状態の可能性もある。 ⇒　無理をしやすいため、励ましばかりでは逆効果になる。
②適応性に問題はないが、最近元気がなく反応が鈍くなっている。 ↓ （不適応状態に向かいつつある。）	・受容と傾聴による安心できる状況の確保（情緒的サポート）。 ・ペースを落とすことの必要性を伝える（情報的サポート）。 ・他者の協力を提供する（道具的サポート）。 ・がんばっていることに対する評価も必要。 ⇒　「もっとがんばろう」といった強化因子にならないように注意する。
③職場への適応性が悪い。	1.以前は適応できていた場合 ⇒　燃えつきてきた可能性がある。 2.最初から適応性がない場合 ⇒　配置転換（道具的サポート）が必要になる。

6 プライバシーへの配慮

学習の ポイント メンタルヘルスケアを進めるには、従業員のプライバシーの保護と意志の尊重が欠かせません。守秘義務や個人情報保護法の内容とプライバシー配慮における注意点を理解することが必要です。

1 プライバシーへの配慮を理解しよう

　従業員の健康情報は、個人情報のなかでも特に**デリケートな情報**です。メンタルヘルスに関する情報は、**より慎重な取扱い**が必要となります。

　事業場内でメンタルヘルスケアを進めるのに重要なのは、①従業員の**プライバシーの保護**、②労働者の**意志の尊重**の2点です。

〈プライバシーへの配慮が要請される関係者〉

・事業者
・管理監督者
・事業場内産業保健スタッフ等
　（産業医、衛生管理者、保健師等の産業保健スタッフ、人事労務管理
　　スタッフ、心の健康づくり専門スタッフ）
・事業場内の同僚

2 守秘義務を理解しよう

　事業場内産業保健スタッフには**守秘義務**があります。医師や保健師・看護師には**罰則も規定**されています（図表4-17）。また、規定の適用がない人も、個人情報を漏らせば**民法により損害賠償責任**を追及される可能性があります。

図表4-17　守秘義務の規定

法律による規定の適用者	規定する法律
医師	刑法
保健師・看護師	保健師助産師看護師法
健康診断の事務担当者	労働安全衛生法

3　個人情報保護法を理解しよう

●個人情報とは特定個人を識別できる情報すべてのことをいう

2015年9月に個人情報保護法の改正法が公布され、2017年5月30日に施行されました。概要は以下のとおりです。

①個人情報取扱事業者の定義

同改正法では、取り扱う個人情報の数にかかわらず、個人情報データベース等を事業の用に供している者となりました。

②個人情報取扱事業者の義務

個人情報取扱事業者は、**罰則つき**で**義務が課され**ています。

・利用目的の特定と利用目的による制限

・適正な取得

・取得に際しての利用目的の通知

・データ内容の正確性の確保

・情報漏れ防止のための安全管理措置

・業務委託先・従業者の監督

・第三者提供の禁止

・本人の求めに応じての公表、開示、訂正、利用停止

・苦情の処理

③要配慮個人情報の規定

病歴などの慎重な扱いが求められる「要配慮個人情報」が新たに規定されました。本人同意を得て取得することを原則としていますが、人の生命・身体・財産の保護のために必要な場合で、本人の同意を得るのが

困難な場合にのみ、同意なしに取得できます。

●医療や健康に関する情報はプライバシーに関する問題が起こりやすい

　医療分野は、個人情報の性質や利用方法等から、**個人情報保護法第6条の規定に基づく特に適正な取扱いの厳格な実施を確保**が求められています。

　厚生労働省から公表されている健康情報に関するガイダンスとして、「**医療・介護関係事業者**における個人情報の適切な取扱いのためのガイダンス」「**健康保険組合等**における個人情報の適切な取扱いのためのガイダンス」「**国民健康保険組合**における個人情報の適切な取扱いのためのガイダンス」「**国民健康保険団体連合会等**における個人情報の適切な取扱いのためのガイダンス」の4点があります。

> **重要ポイント**
>
> **●ガイダンスによる個人情報の保護の義務**
>
> ・医療・介護関係事業者や健保組合等における適正な取扱いを確保する

●安全配慮義務と個人情報の保護に配慮する

　産業保健専門職（産業医や保健師等）から非医療職（上司や同僚）に健康情報を提供する際のポイントは、以下の2点です。

・**本人の同意**を得る。

・誤解や偏見を生じないように**情報を加工**することが望ましい。

　情報を伝えたことによって、必要以上に本人に**不利益が生じないよう**にすることも大切になります。

> **重要ポイント**
>
> **●本人の同意が得られない場合**
>
> 「重要性・緊急性」と「プライバシーの保護」の**バランスを考慮**して、**必要最小限の情報**を、**必要最小限の関係者**に提供する。

4 プライバシー配慮における注意点を理解しよう

●個人情報を収集する際は原則として本人の同意を得る

個人情報は本人の同意を得て、特定の目的によって集めます。

> **【個人情報保護法第 15 条第 1 項】**
>
> 「個人情報取扱事業者は個人情報を取り扱うに当たっては、その利用の目的を**できる限り特定しなければならない。**」

●従業員が職場復帰を希望した際の情報収集

主治医からの診断書だけでは職場復帰の判断が困難な場合は、産業医や企業の指定する専門医などの診断や意見聴取を求めるよう指示することができます。

●情報の集約・整理は医療職が管理を行う

事業場内に医療職（産業医や保健師等）がいる場合は、**医療職が責任**をもって**一元管理**します（必要に応じて加工して提供することが理想とされます）。

医療職が担当することで、以下のメリットがあります。

・医療職は健康情報を**正しく理解**でき、**偏見や誤解**が生じない。

・刑法や保健師助産師看護師法で厳格に**守秘義務**が規定されている。

●個人情報保護法や関連する法令・指針を十分理解し遵守する

情報の漏洩等の防止のため、企業は、物理的、技術的、組織的に**厳格な安全管理措置**をとらなければなりません。これを徹底するためにも**教育や研修**が必要です。例えば、健康情報等が記載されたメール転送の際の宛先の確認や添付ファイルの暗号化などの注意があります。また、衛生委員会等の審議を踏まえ、情報の取扱いにおける**一定のルール**を**策定**します。関連する文書の書式、取扱い、保管方法などについても定めます。

7 管理監督者自身の メンタルヘルスケア

学習の ポイント 管理監督者に対するストレス対策は、基本的には従業員に対するセルフケアと同じです。しかし、管理監督者に特有の対策も必要になるので、特徴を理解することが必要となります。

1 管理監督者にみられるストレスを理解しよう

管理監督者はストレスに強い人と思われている傾向もあります。しかし、厚生労働省が実施した「労働者健康状況調査」（2012 年）によると、仕事や職業生活に強い不安、悩み、ストレスをもつ人の割合は、全体より**管理監督者のほうが全体を上回っています**。

さらに、働き方改革によって、部下に長時間労働を指示することが難しくなったことで、管理職にそのしわ寄せがくる可能性があります。

2 管理監督者のためのストレス対策を理解しよう

ストレス反応には自分では気づかないこともあるため、定期的にストレスチェックを受検することで、本人が気づくきっかけになります。

●自分も相手も大切にした自己表現 (アサーション) をする

自己表現がうまくできない理由として、自己否定的な認知や自己主張が強すぎることがあります。

〈アサーションのポイント〉
・気持ちや考えを率直に表現する←自分の**正直な気持ち**に気づく。
・自分にも相手にもわかる事実を伝える←周囲を**客観的に観察**する。

・自分の要求や希望を具体的に、**明確に表現**する。

・**非言語表現**（第5章第2節参照）も活用する←言語表現と非言語表現を一致させる。

●リラクセーションや相談も有効になる

　自律訓練法などの**リラクセーション**も、ストレス対処には重要です。また、**管理監督者が自ら相談する**ことも大切です。相談先として、上司や同僚、**産業保健スタッフや事業場外資源を活用**しましょう。

　なお、『ラインによるケアも大事だが、**管理監督者自身のケアも重要である**』と伝え、管理監督者自身に研修を受けてもらうことも必要です。

図表4-18　管理監督者による自発的な相談

管理監督者の年齢でみられるライフイベント		管理監督者の傾向		自発的な相談
・年老いた両親の介護や死別 ・単身赴任 ・住宅問題 ・子どもの問題	→	・一般職より自己管理が求められる ・自分のことを他人に相談するためらい	→	・上司や同僚 ・産業保健スタッフ ・人事労務管理スタッフ

図表4-19　主なリラクセーションの方法とポイント

主なリラクセーション	行うときのポイント
①**呼吸法** 　緊張したときは胸式呼吸になっているので、意識を呼吸に集中させ、深くゆっくり**腹式呼吸**をすることで、リラックスする。	・背筋を気持ちよい程度に伸ばす。 ・余計な力が入らないようにする。 ・眼を軽く閉じる。 ・腹部がふくらんでいるのを感じながら、鼻からゆっくり息を吸い込む。 ・吸い込んだ息を、口からゆっくり（長く静かに）吐く。
②**漸進的筋弛緩法** 　緊張した筋肉を解きほぐすことで、心をリラックスさせる。	・手・腕・肩などの筋肉に、しっかり力を入れ、緊張させる。 ・5～10秒程度、筋肉を緊張させたまま維持する。 ・一気に力を抜き、弛緩させる。 ・弛緩させた気持ちよさ（リラックス感）をしっかり味わう。
③**自律訓練法** 　自己暗示の練習で、自律神経のバランスを整え、心と身体をリラックスさせる。	・7つの公式があるが、第1公式（重感練習）と第2公式（温感練習）だけでも十分効果がある。 ・1回の練習が終わったら、自己催眠状態からさめるための消去動作を行う。

確認問題と解答・解説
◯✕チェック

次の記述のうち、適切と思われるものは◯に、
不適切と思われるものは✕に、それぞれ丸を付けなさい。

※下線部は補足修正

1. 労働者のメンタルヘルス情報に関して、個人情報取扱事業者は、個人情報を取り扱うに当たっては、その利用目的をできる限り特定しなければならない。
〈第27回公開試験〉　　　　　　　　　　　　　　　　　　　　　　　　（ ◯　✕ ）

2. 労働者のメンタルヘルス情報に関して、事業場内の産業医や保健師などの医療職が責任を持って一元管理し、必要に応じて加工して提供することが望ましい。
〈第27回公開試験〉　　　　　　　　　　　　　　　　　　　　　　　　（ ◯　✕ ）

3. 労働者のメンタルヘルス情報に関して、衛生管理者など法律で守秘義務が定められていない者は、健康情報を取り扱うことができない。〈第27回公開試験〉
　　　　　　　　　　　　　　　　　　　　　　　　　　　　　　　　　（ ◯　✕ ）

4. 労働者のメンタルヘルス情報に関して、2019年4月から施行されている改正労働安全衛生法には、事業者は労働者の心身の状態に関する情報を適正に管理するために必要な措置を講じなければならないことが明記された。〈第27回公開試験〉
　　　　　　　　　　　　　　　　　　　　　　　　　　　　　　　　　（ ◯　✕ ）

5. 慎重な取扱いが求められる機微な個人情報である「要配慮個人情報」については、特別の規制が設けられ、本人同意を得て取得することを原則としている。
〈第27回公開試験〉　　　　　　　　　　　　　　　　　　　　　　　　（ ◯　✕ ）

6. 「要配慮個人情報」は、法令に基づく場合や、人の生命・身体・財産の保護のために必要であって本人の同意を得ることが困難である等の場合には、同意がなくても取得することができる。〈第27回公開試験〉　　　　　　　　　　　　　（ ◯　✕ ）

7. 産業医や保健師等から非医療職に健康情報を提供する際は、原則として本人の同意を得なければならない。〈第27回公開試験〉　　　　　　　　　　　　　（ ◯　✕ ）

8. 昇進はストレス要因とはならない。〈第27回公開試験〉　　　　　　　（ ◯　✕ ）

9. 管理職に多いと考えられる、真面目、几帳面、仕事好きなどの性格は、一般的にストレスを受けやすいと言われる。〈第27回公開試験〉　　　　　　　　（ ◯　✕ ）

10. 「労働者の心の健康の保持増進のための指針」（厚生労働省、2006年、2015年改正）では、管理監督者はセルフケアの対象に含まれないとしている。〈第27回公開試験〉
（　○　　×　）

11. 今春に昇任して担当業務が変わった部下から、思うように業務ができず自信がないと相談があったので、睡眠の様子などを確認したうえで産業医面談を勧めた。〈第27回公開試験〉
（　○　　×　）

12. 部下の唯一の身寄り（家族）であった母親が他界した。部下は元気な様子ではあるが、進捗報告時にそれとなく健康について確認している。〈第27回公開試験〉
（　○　　×　）

13. 部下から株の運用に失敗して貯金の大半を失ったと打ち明けられた。心配ではあるが、私生活上の問題のため立ち入らないよう心掛けた。〈第27回公開試験〉
（　○　　×　）

14. 日本語話者のいない海外に単身で赴任している部下が困難な業務によって心身の不調を訴えた。業務に支障は出るが、直ちに帰国させた方がよさそうだと人事に相談した。〈第27回公開試験〉
（　○　　×　）

15. 刺激の発生の段階における対処として、配置転換や生活習慣の改善などがある。〈第29回公開試験〉
（　○　　×　）

16. 認知的評価の段階における対処として、刺激をストレスフルと認知しないために、他に熱中できることに打ち込むことなどがある。〈第29回公開試験〉
（　○　　×　）

17. 情動的興奮の段階における対処として、感情や気分を鎮めるための瞑想などがある。〈第29回公開試験〉
（　○　　×　）

18. 身体的興奮の段階における対処として、身体的興奮を鎮めるための有酸素運動などがある。〈第29回公開試験〉
（　○　　×　）

19. 個人情報とは、特定個人を識別できる情報全てのことである。〈第29回公開試験〉
（　○　　×　）

20. 「個人情報取扱事業者」とは、個人情報データベース等を事業の用に供している者であり、取り扱う個人情報の数が50件を超える者である。〈第29回公開試験〉
（　○　　×　）

21. 個人情報取扱事業者には、利用目的の特定と利用目的による制限や適正な取得、取得に際しての利用目的の通知等という義務が罰則付きで課されている。〈第29回公開試験〉 （ ○ × ）

22. 病歴を含む「要配慮個人情報」については、特別の規制が設けられ、本人同意を得て取得することを原則とし、本人同意を得ない第三者提供の特例から除外されている。〈第29回公開試験〉 （ ○ × ）

23. 長時間労働はうつ病などのメンタルヘルス不調の有力な要因であり、かつ、脳・心臓疾患の発症との関連が強いとされている。〈第30回公開試験〉 （ ○ × ）

24. 36（サブロク）協定（労働基準法第 36 条の規定に基づく労使協定）によって時間外労働が可能になるが、労働時間を自由に延長できるわけではない。〈第30回公開試験〉 （ ○ × ）

25.「心理的負荷による精神障害の認定基準」（厚生労働省、2011年、2020年改正）において、長時間労働についての時間の具体例の記載があるのは「業務による強い心理的負荷」となる出来事の「特別な出来事」のみである。〈第30回公開試験〉 （ ○ × ）

26. 情緒的サポートはソーシャルサポートの基本だが、過剰適応者には励ましばかりを与えると逆効果になる場合がある。〈第30回公開試験〉 （ ○ × ）

27. 労働者の頑張りを評価することは重要であるが、評価されることが強化因子となって、調子が悪いにもかかわらず頑張ろうとする労働者もいるので注意が必要である。〈第30回公開試験〉 （ ○ × ）

28. 職場適応に関する大きな問題はないものの、一時的に元気がなく俊敏な反応が減少している場合、明らかに不適応状態に向かいつつあるので、要注意である。〈第30回公開試験〉 （ ○ × ）

解答・解説

番号	解答	解説
1	○	設問のとおりです。
2	○	医療職が担当することによるメリットとして、健康情報を正しく理解でき、偏見や誤解が生じないことや、刑法や保健師助産師看護師法で厳格に守秘義務が規定されているなどがあります。
3	×	衛生管理者など法律で守秘義務が定められていない場合であっても、健康情報を取り扱う者として限定し、守秘義務を課す規程を就業規則などに定めることで取り扱うことができます。
4	○	設問のとおりです。その目的としては、「労働者が不利益な取扱いを受けるという不安を抱くことなく、安心して産業医等による健康相談等を受けられるようにする」、「事業者が、必要な情報を取得して、労働者の健康確保措置を十全に行えるようにする」の2つがあります。
5	○	設問のとおりです。病歴などの「要配慮個人情報」は慎重な取り扱いが求められます。
6	○	設問のとおりです。
7	○	設問のとおりです。本人同意を得るとともに、誤解や偏見を生じないように情報を加工することが望ましいとされています。
8	×	昇進、降格、配置転換などの役割・地位の変化はストレス要因になります。
9	○	設問のとおりです。
10	×	指針では管理監督者にとってもセルフケアは重要であるとしており、セルフケアの対象に含まれるとされています。
11	○	設問のとおりです。業務に関連したことだけではなく、睡眠の様子

番号	解答	解説
		を確認し、不調が疑われた場合は産業医などにつなぐことも大切です。
12	〇	設問のとおりです。それとなく確認するなどの配慮が必要となります。
13	✕	多額の財産を損失したことは、心理的負荷が「強」と判定される出来事であり、「職場以外の心理的負荷」であっても、部下のメンタルヘルスの維持・向上のために、管理監督者として注意すべきストレス要因といえます。
14	〇	設問のとおりです。海外赴任中は、急速に不調状態が悪化することもあります。上司による適切な対応です。
15	〇	刺激の発生の段階では、ストレッサーとなりやすい刺激を生み出さない（ストレッサーと認知しない）ことが大切になります。
16	✕	認知的評価の段階の対処法として、「物事の受け取り方（認知）を変える」があります。「他に熱中できることに打ち込む」は、情動的興奮の段階における対処です。
17	〇	その他には腹式呼吸や入浴、相談相手をつくるなどリラクセーションが有効となります。
18	〇	有酸素運動によって、身体的興奮を発生させるコルチゾールを消費させる効果があります。
19	〇	設問のとおりです。
20	✕	個人情報保護法改正により、5,000件以上という取り扱う個人情報の数に関わらず、該当することになりました。
21	〇	その他の義務としては、データ内容の正確性の確保、情報漏れ防止のための安全管理措置、業務委託先・従業者の監督などがあります。
22	〇	設問のとおりです。
23	〇	設問のとおりです。
24	〇	設問のとおりです。

番号	解答	解説
25	✕	「特別な出来事」以外で、長時間労働について心理的負荷の強度を「強」と判断する具体例としては、「発病直前の連続した2か月間に1月あたりおおむね120時間以上の時間外労働を行い、または発病直前の連続した3か月間に1月あたりおおむね100時間以上の時間外労働を行い、その業務内容が通常その程度の労働時間を要するものであった」があります。
26	○	設問のとおりです。精力的に頑張っている場合は過剰適応状態の可能性もあります。
27	○	設問のとおりです。「もっとがんばろう」といった強化因子にならないように注意する必要があります。
28	✕	一時的な反応だけで「明らかに不適応状態に向かいつつある」と解釈することは適切ではありません。続いているようであれば注意が必要です。

第 5 章

従業員からの
相談の方法

1 コミュニケーションの重要性

学習の ポイント 部下とのコミュニケーションの促進は、ラインによるケアを推進するうえで必須になります。コミュニケーションの重要性とともに、どのようなスキルを上げることが必要かの理解が大切になります。

1 コミュニケーションの重要性を理解しよう

●人間関係がうまくいかない理由はコミュニケーションの阻害にある

　第1章第1節でも示したように、厚生労働省の「労働安全衛生調査」の結果では、従業員のストレスの第3位は「対人関係（ハラスメント含）」であり、これは「職場の人間関係の問題」です。人間関係の悩みの大半は、コミュニケーションがうまくいっていないことから発生しているといえます。現在の職場内ではメールやチャットなどテキストコミュニケーションが多く、それにともなうトラブルも増えています。

　コミュニケーションが阻害されることで、事態は改善されず、より深刻化していくことになります。

図表5-1　コミュニケーションの3つの要素（送り手・受け手・媒体）と阻害される要因

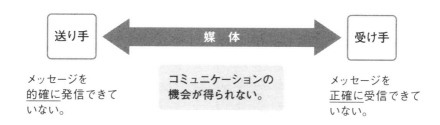

●他人との人間関係に影響する自分を知る必要がある

自分を捉えるための方法として、ジョハリの窓を使うことも有効です。

ジョハリの窓とは、「自分が知っている領域」と「自分が知らない領域」、「他人が知っている領域」と「他人が知らない領域」の2つの視点を重ね合わせたものです（図表5-2）。

図表5-2　ジョハリの窓

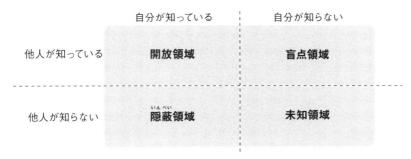

	自分が知っている	自分が知らない
他人が知っている	**開放領域**	**盲点領域**
他人が知らない	**隠蔽領域**	**未知領域**

ジョハリの窓の領域を、それぞれ部下とのコミュニケーションに置き換えてみましょう（図表5-3）。

図表5-3　ジョハリの窓と職場での例

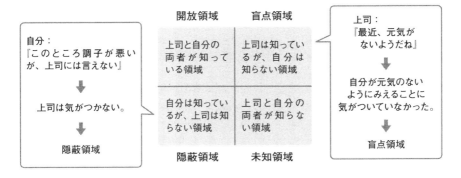

自分：
『このところ調子が悪いが、上司には言えない』
⬇
上司は気がつかない。
⬇
隠蔽領域

	開放領域	盲点領域
	上司と自分の両者が知っている領域	上司は知っているが、自分は知らない領域
	自分は知っているが、上司は知らない領域	上司と自分の両者が知らない領域
	隠蔽領域	未知領域

上司：
『最近、元気がないようだね』
⬇
自分が元気のないようにみえることに気がついていなかった。
⬇
盲点領域

●部下の自己開示を引き出す

管理監督者の側からコミュニケーションを図ることで、部下の自己開示を促せます。

部下の「隠蔽領域」にあった情報を、「開放領域」へと移行させることが可能になります。

コミュニケーションには、図表5-4に示す2つの側面があります。

図表5-4　コミュニケーションの2つの側面

側面	目的と効果	例
道具的 コミュニケーション	・スムーズな業務遂行のため道具のように使う。 ・相手に「何かしてほしい」という気持ちがある。	・「企画書を出して」 ・「先方に電話して」
自己充足的 コミュニケーション	・相手に対し、とくに「何かしてほしい」という 　気持ちはない。 ・「話したい」「会話のやりとりがしたい」という 　気持ちがある。 ・「話す」ことで満足できる。	・「おはよう」 ・(何気なく)「忙しい?」

重要ポイント

●**コミュニケーションの性質**

・必ず**道具的な側面**と**自己充足的な側面**をもっている。

・自己充足的コミュニケーションは、**人間関係の形成・維持向上・緊張解消**などの効果がある

2　コミュニケーションのスキルを身につけよう

●**自分も相手も大切にしたアサーティブな自己表現をする**

送り手が自分のメッセージを「的確に」発信することは、コミュニケーションでは大切な要素です。第4章第7節で述べたとおり、自分も相手も大切にした自己表現をすることをアサーションといいます。

そして、**自分も相手も大切にしながら**、自分の気持ちや意見を表現できる「アサーティブな表現特徴」を身につけることが大切です。

なお、自己表現には、図表5-5のとおり、3つのタイプに分類ができます。

図表5-5　3つのタイプの自己表現のポイント

非主張的	攻撃的	アサーティブ
引っ込み思案	強がり	正直
卑屈	尊大	率直
消極的	無頓着	積極的
自己否定的	他者否定的	自他尊重
依存的	操作的	自発的
他人本位	自分本位	自他調和
相手任せ	相手に指示	自他協力
承認を期待	優越を誇る	自己選択で決める
服従的	支配的	歩み寄り
黙る	一方的に主張する	柔軟に対応する
弁解がましい	責任転嫁	自分の責任で行動
「私はOKでない、あなたはOK」	「私はOK、あなたはOKではない」	「私もOK、あなたもOK」

(出所)平木典子「アサーショントレーニング－さわやかな『自己表現』のために－」
(出典)大阪商工会議所編「メンタルヘルス・マネジメント検定試験公式テキスト[Ⅱ種 ラインケアコース]第5版」中央経済社より。

●相手の身になって真剣に理解しようとして聞く

　受け手が相手のメッセージを「正確に」受信することも、コミュニケーションでは大切な要素です。

　相手の身になって真剣に聴くことを傾聴といいます。

　また、相手との信頼関係を作る技法に「基本的かかわり技法」があります。

図表5-6　マイクロ技法の基本的かかわり技法

1. かかわり行動（視線の位置・言語追跡・身体言語・声の質）
2. 質問技法（開かれた質問・閉ざされた質問）
3. クライエント観察技法
4. はげまし、いいかえ、要約
5. 感情の反映

(出所)アレン・E・アイビイ著／福原真知子他訳編『マイクロカウンセリング－ "学ぶ－使う－教える"技法の統合：その理論と実際－』
(出典)大阪商工会議所編「メンタルヘルス・マネジメント検定試験公式テキスト[Ⅱ種 セルフケアコース]第5版」中央経済社より

2 言語的コミュニケーションと非言語的コミュニケーション

部下への相談対応を考えるうえで、非言語的コミュニケーションの重要性と、相手に与える影響を理解することがとても大切です。

1 言語的コミュニケーションを理解しよう

「言葉」を媒体にしたコミュニケーションを言語的コミュニケーションといいます。媒体する言葉には、話し言葉だけでなく、電話での会話、文書やメールでのやりとりも含まれます。

ある実験では、対面で会話するよりもパソコンを使って会話するほうが、他人に見られている意識が薄れ、自分の感情に素直になりやすいという結果が出ています（次ページの「参考」）。したがって、メールによるコミュニケーションは、「相手がより主観的で感情に正直になっている状態」であることを認識して情報を受け取ることが必要になります。

2 非言語的コミュニケーションを理解しよう

「言葉」以外の「表情」や「声の調子」などを媒体にしたコミュニケーションを非言語的コミュニケーションといいます。

アメリカの心理学者メラビアン（Mehrabian）の研究では、言語よりも非言語のほうが伝わる情報量が多いという結果が出ています（次ページの図表5-7）。

言語的コミュニケーションより非言語的コミュニケーションが大事ということではありませんが、重要性は高いと言えます。

図表5-7　感情の伝わり方

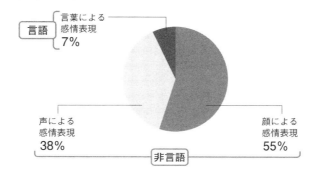

具体的な例には、図表5-8のようなものがあります。部下の状況を捉える際にも、非言語的コミュニケーションは重要な役割をします。

図表5-8　非言語コミュニケーションの具体例

非言語の情報	例
視覚情報	表情、目線、態度、動作、服装、身だしなみ、姿勢、空間表現など
聴覚情報	声の大きさ、話す速度、発音の正確さ、声のトーン、イントネーション、間の取り方、語尾の言い方、口調の歯切れ、語気　など

参考　自己意識の調査

　自己意識とは、自分自身をどのように考えているかという概念であり、私的自己意識と公的自己意識の2つに分かれる。
・私的自己意識⇒自分自身が捉えている自分の内面的な部分に対する意識
・公的自己意識⇒他人から評価される自分の外面的な部分に対する意識
　自己意識について、対面コミュニケーションとコンピュータコミュニケーション（パソコンによる会話）で調査したところ、コンピュータコミュニケーションのほうが、「私的自己意識が高く、公的自己意識が低い」という結果になった。

3 ストレス反応の 早期発見

> **学習の ポイント** 部下のメンタルヘルスの問題を予防したり早期発見するためには、
> 早い段階で部下の異変に気づく必要があります。
> 早期発見をするうえで、ストレス反応を理解することはとても大切です。

1 ストレス反応を理解しよう

　人間の身体は、外からストレス要因が加えられると、防御反応を起こします。防御反応は時間の経過とともに図表5-9のように大きく3段階で変化します。

図表5-9　ストレス反応の3相期の変化

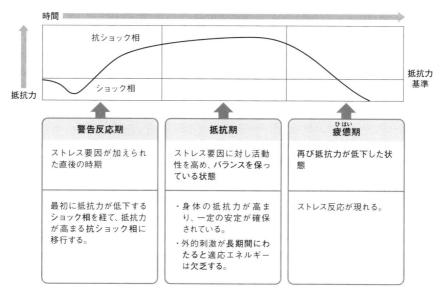

2 ストレス反応の種類と特徴を知ろう

　ストレス要因の刺激が長時間であったり強いときには、ストレス要因の種類にかかわらず心身に同様の反応が起きます(主なストレス反応は、第2章第1節の図表2-1を参照)。

　ストレス反応に応じて、気づきやすさのポイントがあります（図表5-10）。

図表5-10　気づきやすさのポイント

反応の種類	特徴	気づきやすさ
心理面の反応	明確な形で表れにくい。	周囲の人からも、気づくことは比較的難しい。
身体面の反応	「具合の悪さ」として体感される。	自分自身で気づきやすい。
行動面の反応	仕事ぶりにも影響が出ることが多い。	自分では気づかなくても、周囲の人、とくに、管理監督者が気づきやすい。

参考　闘争－逃走反応

　生きているものは、危険で有害な事態に出会ったとき、心身に危険から身を守るための防御反応が生まれる。身を守るためには、**闘うか逃げるかの行動をとる**必要があり、行動のために**最適な状態を整える**ことになる。これを「**闘争－逃走反応**」という。
　以下のような例があり、生体防御のための自然な反応と考えられる。
　　・脳の活動レベル（覚醒水準）が高まり、瞳孔が開く。
　　・活動のエネルギーを全身に供給するために、肝臓でブドウ糖が生産される。
　　・酸素を取り入れるために、気管支が太くなり、呼吸が速くなる。
　　・栄養と酸素を含んだ血液を多量に送り出すため、心拍が速くなる。
　　・出血を防ぐために、抹梢の血管が収縮し手足が冷たくなる。
　以上のような戦闘状況では、消化器系の活動や排尿・生殖の機能の活動も停止される。

4 いつもと違う様子からの早期発見

学習の
ポイント

いつもと違う様子に気づくことは、ストレスに気づく大切なポイントです。
いつもと違う様子の例を把握すること、とくに、自殺を示唆するサインを
知ることが必要になります。

1 いつもと違う様子に気づくポイントを把握しよう

「違い」とは、**外部の基準に照らし合わせてみつけるものではありませ
ん。**図表5-11に示す例を参考に、部下の変化を捉えましょう。なお、
ストレスの段階によって起こる自覚の例は、図表5-12のとおりです。
2週間にわたって「違い」が継続する場合は、事業場内産業保健スタッ
フに相談するなどの**対処が必要**です。

図表5-11 「いつもと違う」様子の例

〈午前の様子〉	〈午後の様子〉
・服装・身だしなみが乱れる ・眠そうな様子 ・やつれた表情 ・挨拶をしなくなる ・目が合わなくなる ・酒臭がする	・食事をとらなくなる ・食べることを面倒がる ・メニューを選べない ・雑談を避ける ・昼寝・居眠りが増える ・離席が増える

(出典)大阪商工会議所編『メンタルヘルス・マネジメント検定試験公式テキスト［Ⅱ種ラインケアコース］第5版』中央経済社より。

図表5-12 ストレスの段階と自覚

ストレスの低い段階	・活気のなさ
ストレスが中程度の段階	・不安感 ・イライラ感 ・身体愁訴
ストレスがもっとも高い段階	・抑うつ感

●部下のいつもと違う様子に気づくための注意点

・他のスタッフと**比較**して「違い」を捉えるものではない。

・部下自身の特徴を押さえ、**時系列的な変化**を捉えること。

・部下の仕事ぶりの変化は、**管理業務の延長線上**で捉えやすい。

2　自殺を示唆するサインを把握しよう

　従業員の自殺は、**家族や職場の仲間に対してきわめて大きな心理的ショック**を与えます。また、労災認定や民事訴訟などにつながれば、**企業や組織にとっても多大なリスク**となります。

　図表5-13に示す例を参考にサインを捉え、未然に防ぎましょう。

図表5-13　自殺予防の十箇条

```
1　うつ病の症状に気をつける
2　原因不明の身体の不調が長引く
3　酒量が増す
4　安全や健康が保てない
5　仕事の負担が急に増える、大きな失敗をする、職を失う
6　職場や家庭でサポートが得られない
7　本人にとって価値のあるものを失う
8　重症の身体の病気にかかる
9　自殺を口にする
10　自殺未遂に及ぶ
```

5 心の不調のみえにくさ

1 検査による把握（スクリーニング）の限界を理解しよう

精神面の健康診断は、身体の健康診断とは異なり、労働安全衛生法等
で義務づけられていないため、ほとんど行われていません。

また、そのほかの実施が難しい理由として、以下のことがあげられま
す。

・メンタルヘルス不調は、身体疾患以上に他人に**知られたくない**（とく
に重要な個人情報）。

・事業者に知られることに強い抵抗を感じる従業員が多い

・精神医学的診断には多くの情報と時間を要し、本人が症状を訴えてく
れないと診断は困難である

2 治療の必要があるかの疑いに気づこう

メンタルヘルス不調は、周囲の人、とくに、管理監督者から発見され
ることが多いものです。

管理監督者に求められるのは、従業員本人が何らかのメンタルヘルス
不調に陥っていないか、**疑いに気づく**ことです（病名の特定をすること
ではない）。

また、治療の必要性は状況によって異なります。

医学的に個人の疾病を判断することを、**疾病性**といいます。疾病をもった個人の社会適応の程度を判断することを**事例性**といいます。メンタルヘルス不調については、疾病性と事例性とは**一致するとはかぎりません**。

　本人も周囲も困っていない（事例性が低い）ときは、管理監督者も強く受診を勧めることは難しいといえます。

図表5-14　問題となる行動による対応の例

問題となる行動		管理監督者の基本的な対応	ポイント
メンタルヘルス不調による病気である。		本人も周囲も何も困っていない場合、専門医の受診や治療を強く勧めることはできない。	本人の健康状態が心配であることを伝え、軽く受診を促す。
職場管理上問題となる行動が認められる。	大事な仕事を放り出す、酔った状態で出勤してくるなど。	専門医の受診や治療を受けるように命じる。	メンタルヘルス不調による病気のためではないと医師によって判断された場合、問題となる行動の内容に応じた懲戒処分などの処分を行う。
	メンタルヘルス不調による行動と推測されるが、本人が治療を拒否する。	家族に事情を説明し、家族の理解を得て専門医の受診や治療につなげる。	・本人の了解を得て家族に連絡する。 ・家族も受診に同意しない場合は、人事労務担当者や事業場内産業保健スタッフを交えて検討する。

参考　**偽陽性**（ぎようせい）

　スクリーニングをした結果、陽性（うつ病の疑いがある）と判定された人が、専門医が面接診断を行うと、うつ病ではないことがある。これを「偽陽性」という。
　スクリーニングテストを実施する場合、「うつ病の疑いあり」と判定される人の大半はうつ病ではないという「偽陽性」が多発することに留意が必要。

6 話すことの意味

相談対応は、メンタルヘルスケアにおける最重要テーマです。相談の意義をもとに、解決策が見出せない理由と相談にのるということの理解が大切です。

1 解決策が見出せない理由を理解しよう

　ある問題に直面し、**解決策が見出せないとき**、相談はとても有効な方法です。**相談の意義**として、以下の2つがあります。

・メンタルヘルス不調の早期発見・治療
・相談者の悩みやストレスの軽減・解消

図表5-15　解決策を見出す方法

解決策が 見出せない理由	解決策	ポイント
問題点の正しい把握・整理ができていない	◎相談者自身が問題を理解し整理できるようにする。 ・相談者⇒相手にわかるように問題を説明しようとする。 ・受けた側⇒よくわからない点を相談者に質問する。 ・受けた側⇒問題を整理し、相談者にフィードバックする。	質問するときは、非難するような言い方は避ける。
問題解決の手段や利用できる資源・人材を知らない	◎解決に必要な情報を提供する。 ・適任者がいれば、その人に相談するように促す。	メンタルヘルス不調が疑われる場合、ためらわず専門医の診察を受けるよう勧める。
問題解決に踏み出す決心ができない	◎気持ちの整理をつけるようにする。 ・第三者からの客観的な意見・説得をする。	何も犠牲にしたくないという心理があることを理解する。

2 きちんと相談にのるということを理解しよう

　きちんと相談にのるためには、段階に応じた意義とポイントを押さえ

る必要があります。図表5-16に、相談を受ける側からみた段階ごとの意義とポイントをまとめておきます。

図表5-16　相談の意義とポイント

相談のプロセス	意義	ポイント
気持ちをわかってもらう	自分の気持ちがわかってもらえたということで、今後の援助を期待できるという展望が開ける。	気持ちをわかってもらうということは、依存（甘え）欲求を満たす基礎になる。
真に本人のためになる解決策を選択する	将来まで見通した最良の解決策が選択される。	解決策が相談者に当面の苦痛を強要することもある。
解決策を無理なく納得させる	受ける側が質問することで、相談者自らが考えの矛盾や間違いに気づく。⇒無理なく納得させる早道になる。	本人の感情が合理的解決策に導くことを阻んでいることがある。

重要ポイント

●**相談を受ける側のポイント**

・相談にのるとは、①相談者に**関心を向け**、②相談者を正しい方向に導く**方法を探し**、③相談者の**成長（気づき）**を促すこと。

・内容によっては、相談を受けた側が問題解決のために**行動を起こ**すこともある。

・相談者と相談を受ける側の関係は、問題が**解決した時点で終了す**べきものである（エンドレスではない）。

参考　労働者の心の健康の保持増進のための指針（新指針）「労働者からの相談対応」

　ラインによるケアとして、管理監督者が「職場環境等の改善」と並んで、従業員からの相談対応を行うよう求めている。
　一方、セルフケアとして従業員の自発的な相談の重要性を指摘している。

7 不調が疑われたときの対応

学習の ポイント 不調が疑われる従業員に対しては、必要に応じて受診に結び付けることが大切です。そのためには、管理監督者に期待される役割と、相談にのるうえでの留意点を理解することが重要です。

1 管理監督者に期待される役割を理解しよう

　管理監督者は、日常的に従業員からの**自発的な相談に対応**するよう努めることが必要です。とくに、以下の場合は、従業員から話を聞いて、適切な情報を提供し、必要に応じ事業場内産業保健スタッフや事業場外資源への**相談や受診を促す**よう努めることが大切です。

- ・長時間労働等により、**疲労の蓄積**が認められる場合
- ・強度の**心理的負荷**を伴うできごとを経験した場合
- ・とくに**個別の配慮**が必要と思われる場合

重要ポイント

●管理監督者の役割

　もっとも安全で効果的・効率的な解決策を選択しなければならない。一種の**交通整理**、あるいは**医療等への橋渡し**が期待されている。メンタルヘルス不調の相談に対して、管理監督者だけで対応することは危険であり、問題解決に利用可能な資源・人材を有効に活用する。

2 相談にのるうえでの留意点を理解しよう

　相談にのるうえで、以下の点に注意しましょう。

・相談の内容を正確に把握するために、**先入観を捨て中立性を保つ**。

・自分の固有の**価値観や人生観を相談者に押し付けない**。

・相談者と一緒になって興奮したり、怒ったりしない。

　管理監督者は、専門家の診断や治療につなげることに抵抗を感じる傾向があります（図表5-17）。必要な考え方を押さえておきましょう。

図表5-17　抵抗の3つの理由

理由	必要な考え方
①精神科への受診を勧めることや、精神疾患を疑うことに罪悪感がある。	勧めるのは本人のためである。
②他に相談に行くように勧めることに抵抗を感じる（頼りない、冷たいと思われたくない）。	相談の目的は相談者の抱える問題を解決することにある。
③相談者が精神科への受診に強く反発したり、抵抗する。	本人のために受診を勧めているのに激しく反発した場合は、受診の必要性がさらに裏づけられたと考える。

重要ポイント

●**アドバイスの与え方**

・精神医学の専門家ではない管理監督者が病気や治療に関して助言したことでトラブルになる場合もある。

・「薬に頼るのはよくない」「気持ちのもちようで何とかなる」「根性で頑張れ」などの助言は治療の妨げになる。

・安易に主治医を替えるような助言はしない。

●**メンタルヘルス不調の兆候が認められる従業員**

・精神科に受診させない場合、**管理監督者や企業の安全配慮義務違反**になりかねず、遅れることで本人や周囲の人を苦しめる。自殺の危険性も高まる。

・本人が自ら治療を望まなくても、メンタルヘルス不調と思われる理由で正常な労務が提供できていなければ、**原則、治療につなげる**。

・本人が受診理由を理解しないままでは、**治療はうまくいかない**。

8 専門家との連携と危機対応

学習の ポイント　メンタルヘルス問題を解決するにあたっては、専門家との連携が必要です。連携するポイントを理解することと、さまざまな危機に直面したさいの対応方法を理解することが重要です。

◎専門家との連携のポイントを理解しよう

管理監督者が連携する先には、図表5-18のようなものがあります。

図表5-18　連携先と連携のポイント

相談先		ポイント
① 事業場内産業保健スタッフ等	・事業場内産業保健スタッフ等（産業医、保健師、看護師、衛生管理者など） ・人事労務管理スタッフ ・心の健康づくり専門スタッフ（精神科医、臨床心理士など）	・管理監督者がメンタルヘルス不調と思われる従業員から相談を受け、手にあまると感じた場合は、相談する。 ・専門家に相談に行かせることが困難な場合は、管理監督者が相談に行き、対応について助言を得る。
② 医療機関	・精神科・メンタルヘルス科 ・メンタルクリニック ・心療内科	・主治医に治療の見通しや職場での扱いについて助言を得る場合は、主治医に本人の同意が得られていることを伝える。 ・主治医に面会の予約をとったうえで、本人同伴で話を聞きに行く。
③ 事業場外資源	・保健所 ・精神保健福祉センター ・産業保健総合支援センター ・地域窓口（地域産業保健センター） ・メンタルヘルス対策支援センター	・事業場内に管理監督者が相談できる専門家がいなければ、積極的に活用する。 ・精神保健福祉センター以外は精神科医療の専門家がいない場合が多いため、事前に確認する。

●自殺者の多くにうつ病がみられる

本人と家族のために自殺を防止する必要があります。また、企業の**危機管理の面**からも自殺の予防が求められます。

自殺のサインとして、**うつ病の症状**をあげることができます。また、そのほかの本章第4節の図表5-13のような**自殺の危険性が高い兆候**も見逃さないようにしましょう。

〈対処の基本〉

・1日でも（1時間でも）早く**精神科を受診**させる。

・受診までの間、本人を**一人にさせない**。

・診察に当たる**医師**に、自殺の危険を感じて、受診させたことを**伝える**。

・職場でサインを示す従業員がいる場合は、**家族に職場に来てもらい、**事情を説明する。⇒**一人で帰宅**させない。

　万一、自殺が発生した場合は、人事労務管理スタッフや産業保健スタッフと連携し、対応について話し合います。遺体の発見者や、自殺者と親密だった人、自殺に責任を感じている人や遺族には、特に、適切な対応やケアが必要です。

●**躁状態では気分が高揚し活動性が高まる**

　うつ状態とは逆の状態が見られます。躁状態は数週間から数か月続き、周囲からの注意や叱責にも反発して問題行動を改めることをしないため、服薬を中心にした治療が必要となります。躁状態の主な症状は図表5-19に具体例を示してあります。

図表5-19　躁状態の主な症状

症状	具体例
気分の高揚	幸せな気分。陽気。
開放的・社交的	見ず知らずの人に気軽に話しかける。古い友人に接触する。
易怒性	ちょっとしたことで激しく怒る。
睡眠欲求の減退	眠くならない。眠らなくても疲れた感じがしない。
会話心迫	多弁。声が大きい。早口。しゃべり出したら止まらない。
観念奔逸・注意散漫	話題があちこちに飛ぶ。関心の対象が次々変わる。
見境のない熱中	相手の迷惑を考えず夜中や早朝に電話をする。非常識な目標を達成するための行動に熱中する。
楽天的・軽率な判断	危険な投資や事業を始める。不要なものや高価なものを購入する。性的に逸脱した行動をとる。

（出所）北村尚人『新版メンタルヘルスワークブック』法研、2011年を一部改変。
（出典）大阪商工会議所編「メンタルヘルス・マネジメント検定試験［Ⅱ種ラインケアコース］第5版」中央経済社より。

●**個人情報への配慮**

・メンタルヘルス不調に関わる個人情報を他の者に伝える場合、原則として**本人の了解**を得る。

・自殺のサインが認められる場合は、自殺の防止をするために、本人の**了解がなくても必要な関係者**に情報を伝えることも必要。

● **幻覚妄想状態のときはできるだけ早く精神科を受診させる**
<small>げんかくもうそう</small>

幻覚妄想状態では、**正常な判断力を失い事故を起こす危険**があります。

〈対処の基本〉

・本人が受診を拒否したら、家族に連絡をとり**受診の必要性を理解**してもらう。

⇒本人の**了解が得られなくても**、家族に連絡をとることは可能。

・本人が治療を拒否した場合

⇒**家族等の同意**があれば、精神保健福祉法による**医療保護入院**が可能。

・家族の理解・協力が得られない場合、保健所に相談する方法もある。

確認問題と解答・解説
○×チェック

次の記述のうち、適切と思われるものは○に、
不適切と思われるものは×に、それぞれ丸を付けなさい。

※下線部は補足修正

1. アサーショントレーニングにおける自己表現に関して、「私はOK、あなたはOK ではない」は、非主張的な自己表現の特徴の一つである。〈第27回公開試験〉
（ ○ ×）

2. アサーショントレーニングにおける自己表現に関して、「歩み寄り」は、非主張 的な自己表現の特徴の一つである。〈第27回公開試験〉　　　（ ○ ×）

3. アサーショントレーニングにおける自己表現に関して、「自分本位」は、アサー ティブな自己表現の特徴の一つである。〈第27回公開試験〉　　（ ○ ×）

4. アサーショントレーニングにおける自己表現に関して、「無頓着」は、攻撃的な 自己表現の特徴の一つである。〈第27回公開試験〉　　　　　（ ○ ×）

5. メンタルヘルス不調の疑いがある本人が受診を拒否している場合は、本人の了解 を得て家族と連絡をとり、家族からも受診を説得してもらうようにするのがよい。 〈第27回公開試験〉
（ ○ ×）

6. 周囲からみて健康状態や言動が気になる人がいても、本人に困っている様子がな ければ本人から相談があるまでしばらく様子を見るのがよい。〈第27回公開試験〉
（ ○ ×）

7. 主治医から治療の見通しや職場での対応についての助言を得る必要がある場合 は、本人の了解を得ていなくても直接主治医に問い合わせて確認をとるようにす るとよい。〈第27回公開試験〉
（ ○ ×）

8. メンタルヘルス不調の疑いがある本人が専門家へ相談することに否定的な場合、 管理監督者が専門家に相談に行き、対応についての助言を得ることが望ましい。 〈第27回公開試験〉
（ ○ ×）

9. 自殺のサインが見られる場合は、1日でも早く専門医に受診させ、それまでの間、 本人を一人にしないことが重要である。〈第27回公開試験〉　（ ○ ×）

10. 幻覚妄想状態にあると判断された場合は、本人より先に、まず家族に連絡をして本人を説得してもらうように連携をとることが重要である。〈第27回公開試験〉

(○　×)

11. 躁状態でトラブルを繰り返す従業員に受診を勧めたが、本人の納得が得られなかったため、家族の理解のもと、家族の責任で受診させた。〈第27回公開試験〉

(○　×)

12. 家族と連携することが難しい場合は、本人の居住する地域の保健所に相談するのがよい。〈第27回公開試験〉

(○　×)

13. ストレス要因が加えられると様々なストレス反応が生じるが、部下の異変をできるだけ早く発見するためには、身体面・行動面・心理面の変化に注目することがポイントである。〈第29回公開試験〉

(○　×)

14. 危険な事態から身を守るための一連の身体反応を「闘争——逃走反応」といい、生体防御のための自然な反応と言えるが、ストレス要因の刺激が長期化することにより、抵抗力が低下しストレス反応が現れる。〈第29回公開試験〉

(○　×)

15. ストレス要因が加えられると、生体防御のため交感神経系の働きが抑制され、副交感神経系の働きが活性化する。その結果として心拍の増加、消化活動の抑制、呼吸数の増加などが見られる。〈第29回公開試験〉

(○　×)

16. 行動面では、遅刻・欠勤などの勤怠面や飲酒量の増加、喫煙量の増加などの生活面にストレス反応として現れることがあり、家族や管理監督者など周囲の人たちが気付きやすい。〈第29回公開試験〉

(○　×)

17. 電子メールやチャットなどのコンピュータコミュニケーションは、対面でのコミュニケーションに比べて公的自己意識が低くなるため、書くときには、対面よりも攻撃的になってしまう可能性に留意が必要である。〈第29回公開試験〉

(○　×)

18. 電子メールやチャットなどのコンピュータコミュニケーションは、対面でのコミュニケーションに比べて私的自己意識が高くなるため、読むときには、対面より被害的に受け止めてしまう可能性に留意が必要である。〈第29回公開試験〉

(○　×)

19. 電子メールやチャットによるコミュニケーションは、非言語的コミュニケーションである。〈第29回公開試験〉

(○　×)

20. 電子メールやチャットなどのコンピュータコミュニケーションでは、自己充足的コミュニケーションを行うことができる。〈第29回公開試験〉　　　　　（ ○　× ）

21. 部下の言動の変化に対して、「彼（彼女）は今までと違って、最近様子がおかしいぞ」という勘を大切にして行動を起こすことは、メンタルヘルス不調の早期発見にとって重要である。〈第30回公開試験〉　　　　　　　（ ○　× ）

22. 部下の変化として、おとなしかった者が急に多弁になったり、ささいなことで上司に遠慮なく文句を言うようになったりすることの背景にメンタルヘルス不調が隠れている場合がある。〈第30回公開試験〉　　　　　　　（ ○　× ）

23. メンタルヘルス不調では疾病性で問題が認められたとしても、事例性において問題が認められない場合がある。〈第30回公開試験〉　　　　　（ ○　× ）

24. 管理監督者が部下のメンタルヘルス不調に気付くうえでは、病名を特定できるよう知識をつけることが重要である。〈第30回公開試験〉　　　　（ ○　× ）

25. 相談者の悩みやストレスの軽減・解消に役立つことは、ラインケアにおける相談対応等の意義と考えられる。〈第30回公開試験〉　　　　　（ ○　× ）

26. メンタルヘルス不調の早期発見・治療につながることは、ラインケアにおける相談対応等の意義と考えられる。〈第30回公開試験〉　　　　　（ ○　× ）

27. 人間の依存欲求を満たすことで、相談者の精神健康に寄与することは、ラインケアにおける相談対応等の意義と考えられる。〈第30回公開試験〉　（ ○　× ）

28. 相談者との間で問題解決に向けたエンドレスな相談関係を構築することは、ラインケアにおける相談対応等の意義と考えられる。〈第30回公開試験〉　（ ○　× ）

確認問題と解答・解説
解答・解説

番号	解答	解説
1	×	攻撃的な自己表現の特徴の一つです。
2	×	アサーティブな自己表現の特徴の一つです。
3	×	攻撃的な自己表現の特徴の一つです。
4	○	設問のとおりです。その他の攻撃的な自己表現には、「操作的」「相手に指示」「支配的」「責任転嫁」などがあります。
5	○	設問のとおりです。
6	×	特にメンタルヘルス不調が疑われる場合は、専門医などに診てもらうよう勧めることが必要となります。
7	×	本人の了解をとり、主治医に本人の同意が得られていることを伝えます。
8	○	設問のとおりです。
9	○	設問のとおりです。自殺のサインがみられた場合に帰宅させる際は、上司などが自宅まで送り届けるか、家族に職場まで来ていただき、事情を説明して専門医に受診させるよう計らうべきでしょう。
10	×	まず、本人に受診を勧めます。本人が受信を拒否したら、家族に連絡をとり受診の必要性を理解してもらいます。本人の了解が得られなくても、家族に連絡をとることは可能です。
11	○	設問のとおりです。
12	○	設問のとおりです。
13	○	設問のとおりです。それぞれのストレス反応に応じて、気づきやすいポイントがあります。

番号	解答	解説
14	○	設問のとおりです。長期化することによりストレス反応の疲憊期に入り、抵抗力が低下した状態になるためです。
15	×	生体防御のため副交感神経の働きは抑制され、交感神経の働きが活性化します。その他にも、脳の活動レベル（覚醒水準）が高まり、瞳孔が開くなども見られます。これを「闘争——逃走反応」といいます。
16	○	設問のとおりです。
17	○	設問のとおりです。公的自己意識とは、他人から評価される自分の外面的な部分に対する意識をいいます。
18	○	設問のとおりです。私的自己意識とは、自分自身が捉えている自分の内面的な部分に対する意識をいいます。
19	×	電子メールやチャットによるコミュニケーションは言語的コミュニケーションです。
20	○	設問のとおりです。コンピューターコミュニケーションによって、「話したい」「会話のやりとりがしたい」といった気持ちや、「話す」ことで満足できるといった自己充足的コミュニケーションの効果を得ることができます。
21	○	設問のとおりです。
22	○	設問のとおりです。
23	○	設問のとおりです。メンタルヘルス不調については、疾病性と事例性は一致するとはかぎりません。
24	×	管理監督者に求められるのは、何らかのメンタルヘルス不調に陥っていないか、疑いに気づくことであり、病名を特定することではありません。
25	○	設問のとおりです。
26	○	設問のとおりです。

番号	解答	解説
27	○	設問のとおりです。気持ちをわかってもらうということは、依存（甘え）欲求を満たす基礎となります。
28	×	問題が<u>解決した時点で終了</u>すべきものであり、エンドレスではありません。

第6章

社内外資源との連携と従業員のプライバシーへの配慮

1 社内資源とその役割

**学習の
ポイント**　メンタルヘルス不調者への対応は、産業医や事業場内産業保健スタッフの活用、人事労務管理スタッフとの連携が不可欠になります。それぞれ役割を理解することが大切です。

1 産業医の役割を理解しよう

●医療の専門家として企業に助言する立場にある

　産業医は、従業員に対する健康（安全）配慮義務を遂行することや、労働安全衛生法に定められた従業員の健康を確保する責務があります（次ページの図表6-1参照）。

参考　労働安全衛生法に基づく産業医の選任

労働者数などに応じて以下の定めがある。
・労働者が常時**50人以上**いる場合⇒事業主は**産業医を選任**しなければならない。
・労働者が、常時**1,000人以上**いる場合⇒事業主は**専属産業医**を選任しなければならない。
・**一部の有害業務**があり、**500人以上**いる場合⇒事業主は**専属産業医**を選任しなければならない。

●産業医を通じて主治医と連携する

　産業医ではなく管理監督者が主治医にアプローチする場合、以下のようなさまざまな問題があります。
・主治医から**警戒される**。
・医学用語を**理解**することが難しい。
・主治医には**守秘義務**があるため、詳細な情報や適切な意見が得られない。

・何が必要であるかの**判断**が難しい。

・知識の差から、情報が**誤解**されて伝わる。

　健康配慮義務をより適正に行っていくためには、**主治医から情報提供を受ける**ことが大切です。また、社内の状況を**主治医に提供して治療に反映**することが望まれます。

2　事業場内産業保健スタッフ等の役割を理解しよう

①保健師の役割

　保健指導や健康相談、健康教育、疾病予防などがあります（図表6-1参照）。

②保健師以外の産業保健スタッフの役割

　保健師以外の産業保健スタッフは、公認心理師、臨床心理士、産業カウンセラー、トータルヘルスプロモーションプラン（THP）における心理相談担当者などがいます。

　メンタルヘルス対策における主な役割は、保健師とほぼ同様です。ただし、担当する人によって、知識、経験、技量などに幅があります（図表6-1参照）。

図表6-1　メンタルヘルス対策における役割の例

スタッフ		役割
産業医		・医療の専門家としての病態のアセスメント ・ストレスチェック制度に基づく高ストレス者の面接・指導 ・就業上の配慮に関する意見　・社内の関係部署との調整、連携 ・**医療機関（主治医）との情報交換**　・職場環境の改善提案 ・メンタルヘルス対策の企画や教育、助言指導 ・メンタルヘルスに関する個人情報の保護　・過重労働者面談 ・休職者に対する復職の可否の意見　・休職者に対する復職面談
事業場内産業保健スタッフ等	保健師および、その他の産業保健スタッフ	・メンタルヘルス不調者の早期発見、相談窓口　・産業医との連携 ・メンタルヘルス不調者のフォローアップ、ストレスチェック制度の実施者（保健師）・職場環境等の評価と改善 ・人事労務部門、管理監督者との連携　・メンタルヘルス対策の企画、教育
	人事労務管理スタッフ	・早期の気づき ・健康配慮義務を果たすための労務管理、人事管理 ・人事労務施策…キャリア形成、EAP（従業員支援プログラム）機関との連携など
	衛生管理者	・メンタルヘルス対策の実施　・早期の気づき　・関係各署との連携

2 社外資源とその役割

事業場内産業保健スタッフを介して事業場外資源を活用することが有効です。スタッフがいない場合は、人事労務管理スタッフや管理監督者が相談できる相談機関を把握しておく必要があります。

1 相談できる公共機関の役割を把握しよう

　地域住民のための相談は、保健所（保健センター）が代表的な窓口になります。

　労働衛生・産業衛生の分野での行政機関は、**労働基準監督署**や**労働局**があります。心の健康づくり、メンタルヘルス対策の基本的な情報発信や指導を行い、相談窓口を設けているところもあります。次ページの図表6-2にまとめておきます。

2 健康保険組合の役割を把握しよう

　健康保険組合によって、メンタルヘルス相談に関わる**サービスは異な**ります。

　たとえば、以下のサービスを実施しているところもあります。

・直接またはEAP（従業員支援プログラム）機関との連携⇒電話相談、面談を各個人に実施
・事業所との連携⇒ラインによるケアの教育、セルフケアの教育

図表6-2　公共機関の役割

機関名		サービス内容と特徴
保健所（保健センター）		・地域住民の精神保健の相談、訪問指導 ・保健所は都道府県、政令指定都市、中核市とその他指定された市または特別区 ・保健センターは市町村単位
労働安全衛生分野の公的機関	中央労働災害防止協会	・事業主の自主的な労働災害防止活動の促進 ・労働災害防止団体法に基づき設立
	産業保健総合支援センター	・産業医、産業看護職、衛生管理者等の産業保健関係者を支援 ・事業主に対して、職場の健康管理への啓発 ・全国47都道府県に設置
	地域窓口（地域産業保健センター）	・50人未満の事業場とその従業員を対象にメンタルヘルス相談、無料の産業保健サービスを提供 ・全国の労働基準監督署の単位ごとに設置 ・医師会に運営を委託
メンタルヘルス対策の役割を担った公的機関	いのちを支える自殺対策推進センター	・自殺対策に向けて政府の総合的かつ効果的な対策実施の支援 ・自殺対策の先進的な取り組みに関する情報の収集、整理、提供 ・地方公共団体や民間団体の職員への研修の実施
	精神保健福祉センター	・精神保健福祉に関する総合的な技術センターという位置づけ ・各都道府県・政令指定都市に1か所（東京のみ3か所）設置 ・精神保健および精神障害者の福祉に関する知識の普及、調査研究 ・相談および指導のうち複雑または困難なものを実施 ※精神科外来診療、デイケアを実施しているところもある。
	勤労者メンタルヘルスセンター	・一部の労災病院に設置 ・ストレス関連疾患の診療、相談
	地域障害者職業センター	・各都道府県に設置 ・休職中の精神障害者を対象に、職場復帰支援（リワーク）を実施 ・職場にジョブコーチを派遣し、職場に適応できるよう支援
	こころの耳	・厚生労働省の働く人のメンタルヘルスポータルサイト ・電話相談、SNS相談、メール相談を実施

3 EAP機関と民間相談機関の役割

| 学習の
ポイント | 事業場内に産業保健スタッフが不十分な場合は、外部機関と契約することで、メンタルヘルスに関する機能を補うこともできます。
EAP(従業員支援プログラム)機関や民間相談機関の役割を理解することが必要です。 |

1 EAP機関の役割を把握しよう

EAP（Employee Assistance Program）は、**従業員支援プログラム**の略称です。EAP機関は、アメリカのアルコール依存症のケアをする活動から始まったといわれています（図表6-3）。

企業内のスタッフがサービスを行う機能を内部EAP、企業外からサービスを提供する機関を外部EAPといいます。

図表6-3　EAP機関の成り立ち

年代	内容
1960年代以降	アルコール依存、薬物依存が企業経営上の重要な課題となる。
1970年代	ケアのためのプログラムを提供する企業により、明らかな効果が示された。
1980年代以降	身体的・心理的問題のほか、行動上の問題、家庭問題、経済問題など包括して対応するようになる。

図表6-4　EAP機関のサービスの基本

対象	内容
企業	・組織の業績に関連する問題解決の支援 ・メンタルヘルス対策推進のコンサルテーション
従業員	業務に影響を及ぼす個人的な問題の解決支援

EAP 機関が提供できる機能には、以下のようなものがあります。

・企業に対する**職業性ストレスの評価、コンサルテーション**
・従業員の**心の健康問題に関する評価**
・従業員の抱える問題に適した**医療機関や相談機関への紹介とフォロー**
・**管理監督者や人事労務管理スタッフへの問題対処方法や EAP の適切**
　な利用に関する**コンサルテーション**
・従業員やその家族、管理監督者、人事労務管理スタッフに対する**メン**
　タルヘルス教育、EAP 利用方法の教育
・**短期的カウンセリング**
・健康問題を生じる可能性のある**危機への介入**
・EAP 機関と連携する**事業内メンタルヘルス担当者の育成**
・**事業場内産業保健スタッフへのメンタルヘルス対策の教育**
・EAP サービスの効果評価

重要ポイント

● **EAP 機関の特徴**

　・事業場のニーズにあった継続的・システム的な支援が提供できる。
　・既存の**専門医療機関との連携**や、より**専門性の高い**メンタルヘル
　　スサービスを提供できる。
　・外部機関や相談窓口を利用することによって、**人事・処遇への影**
　　響への懸念を取り除ける。

2　EAP機関以外の民間相談機関の役割を把握しよう

　多くの都道府県に、電話相談やインターネット相談（**いのちの電話**）
などを無料で実施するセンターがあります。また、一般社団法人日本産
業カウンセラー協会が、勤労青少年向けの無料電話相談（**働く人の悩み**
ホットライン）を実施しています。ホームページでの情報としては、厚
生労働省が「**こころの耳**」を発信しています。

4 医療機関の種類と選び方および診断

メンタルヘルス不調者については、早期に受診に結び付けることが何よりも重要となります。適切な診療科を選択する際の留意点、および診断についての理解が必要です。

1 適切な診療科を把握しよう

●神経内科は心に関わる疾患を扱う科ではない

心に関わる疾患を扱う診療科は、「**心療内科**」と「**精神科**」です。

・症状が主に**身体の症状・疾患（心身症）**として現れるものを扱う科
　⇒**心療内科**

・症状が主に**精神の症状・疾患（精神疾患）**として現れるものを扱う科
　⇒**精神科**

メンタルヘルス不調の状態や身体疾患などの**医学的な問題**が、**疑われる**ときには、症状に応じた診療科の受診を勧めましょう。

メンタルヘルス不調の治療の場合は、**2～3回の受診で終わることは、ほとんどありません**。したがって、就業している状態でも通院を継続できる機関を選ぶ必要があります。

・身体の症状に対して、内科や他の診療科を受診しても異常がなく、改善が思わしくない場合、**心療内科を選択**する。

・不眠や気力、集中力の低下など精神的な症状が強い場合は、**精神科を選択**する。

・アルコール依存症の場合は、精神科や心療内科を選択する。

・認知症の場合は、神経内科を選択する。

重要ポイント

●**医療機関の受診のポイント**

・日常の観察から「**いつもと違う状態**」に気づき、話を聞く（聴く）。
　事業場内産業保健スタッフがいる場合は、**連携が大切**。
・精神疾患では、症状が重くなるほど**病識**（本人の病気であるとい
　う認識）**が薄くなる**。病識が薄いと、**受診に抵抗**をするようにな
　る傾向がある。
・管理監督者や事業場内産業保健スタッフが勧めても受診しない場
　合、**家族に説明**し受診を勧めてもらう。

2　心の病気の診断について理解しよう

　ここでは、うつ病を例にして、診断の流れを紹介します（図表6-5）。

図表6-5　うつ病の診断の流れ

---

①別の病気ではないことの確認

・血液検査などの検査
・場合によっては、他の科の受診

②診断のための、面接や診察

・調査票や心理テストの記入
・現在の病状だけではなく、過去の病歴や生育歴、生活歴、家族状況などを聴取

③診断後の説明

・病気の説明
・選択できる治療の方針と方法
・患者、家族、周囲の者が守るべきこと
・治療の一般的な経過、今後の見通し

---

5 うつ病の治療方法 (休養と薬物療法)

学習の ポイント 一般的なうつ病の治療方法を理解することが必要です。特に、休養の重要性を理解しましょう。また、抗うつ薬などの治療薬の特徴を把握するなど、薬物療法に対して認識を深めることが必要です。

1 休養の重要性を理解しよう

うつ病の治療には、休養をしっかりとり、エネルギーを十分に蓄えることが必要です。

もともとまじめで、責任感が強い人も多いため、管理監督者は休養の妨げになる本人の**不安を取り除く**必要があります。休養の妨げになる考え方として、①他の人の迷惑になる、②罪悪感がある、③自分の居場所がなくなるなどがあります。

また、ゆっくり休養がとれるように、**調整を図る**ことも必要になります。

2 薬物療法を理解しよう

薬物療法は、薬に対して**抵抗感**があったり、依存するのではないかという**不安感**があることも多いです。また、他者からの「いつまでも薬に頼るな」などという**間違った言葉**が、**治療の妨げ**になることもあります。

しかし、うつ病や不安障害などは、脳内の神経伝達物質の働きを回復させるための**医学的な治療**が欠かせません。

薬物は、抗うつ薬、抗不安薬、睡眠剤のほか、抗精神病薬が使われます（次ページの図表6-6参照）。

図表6-6 うつ病の治療に使用する薬の種類

薬剤の種類		特徴
抗うつ薬（脳内の神経伝達物質の働きを回復させる作用がある）	三環系抗うつ薬 四環系抗うつ薬	三環系のほうが四環系よりも副作用（眠気、眼のかすみ、口の渇き、動悸、便秘、排尿困難、立ちくらみなど）が強く出る。
	SSRI（選択的セロトニン再取り込み阻害薬）	・副作用が少なく、使いやすいとされている。 ・軽症や中等度のうつ病の第1選択剤とされている。 ・他の薬剤と併用できないものがある。
	SNRI（セロトニン・ノルアドレナリン再取り込み阻害薬）	
	NaSSA（ノルアドレナリン・セロトニン作動性抗うつ薬）	
	スルピリド（抗精神病薬）	少量では潰瘍の治療薬として使われる。 大量では統合失調症の治療薬としても使われる。
抗うつ薬以外の薬剤	抗不安薬	うつ病で不安の強い場合、抗うつ剤の効果が出るまでの期間、抗うつ剤と併せて使われる。
	睡眠剤	中途覚醒や早朝覚醒などの睡眠障害はうつ病の特徴的症状であり、十分な睡眠をとるために使われることもある。（※うつ病がよくなると、睡眠障害もなくなる。）
	抗精神病薬	幻覚、妄想といった精神症状や、不安や焦燥感が前面に出ているようなうつ病に使われることがある。
	気分安定剤	・気分の波を抑え、安定させる作用がある。 ・双極性障害や抗うつ剤だけでは効かないうつ病に使用される。 ・リチウムや抗てんかん剤、いくつかの非定型抗精神薬がある。

【重要ポイント】

●抗うつ薬

・うつ病以外の**他の疾患にも用いられる**（パニック障害、強迫性障害、心的外傷後ストレス障害、摂食障害など）。

・**効果がでるまで時間が必要**と考えておく。

　⇒2～4週間継続し経過をみて、効果があれば継続、なければ増量し経過をみる。増量しても効果がなければ薬剤を変更する。

・効果が現れる前に副作用が出ることがある。

・医師の指示通り飲むことが重要。

　⇒**再発防止**のため、病気の状態がよくなっても、**長期の継続**が必要。

6 心理療法・精神療法と治療の形態

認知行動療法などの心理療法・精神療法は、うつ病の治療に用いられ
ています。治療の特徴やうつ病にみられる認知のゆがみを理解すること
が必要となります。また、入院が必要なケースの理解も必要です。

1 認知行動療法を理解しよう

　うつ病の場合は、心理療法・精神療法として**認知行動療法**が用いられ
ます。認知行動療法は、うつ病にみられる図表6-7のような**考え方・
受け止め方（認知）のゆがみを戻していく**治療法です。

図表6-7　うつ病にみられる考え方・受け止め方の特徴

- 全か無かの思考　　● 破局的なものの見方　　● 過度の一般化
- ポジティブな面の否認　●「○○すべき」という思考

　治療開始の当初は、つらい気持ちを受け止め、改善を保証し、治療が
継続できるように支えるという**支持的な**援助を行います。
　休養や薬で症状が落ち着いてから、うつ病への**精神療法**を行います。

重要ポイント

●**うつ病の治療は、心理的な治療だけでは治療はできない**

・認知行動療法のほかにも、精神分析、自律訓練法、交流分析、家
族療法など、さまざまな治療法がある。

・病態に合わせて、電撃療法、磁気刺激治療、高照度光療法、断眠
療法が用いられる。

2 治療形態を理解しよう

　うつ病などの治療で仕事を休んでも、**多くの場合は外来治療**で行われます。仕事を休むか継続するかの選択がありますが、基本的には、**十分な休養**をとることが望まれます。

●入院を必要とする場合がある

　以下のときには入院を勧めましょう。

・**自殺の危険性**が高く、家族と同居していても防ぎきれない。

・重度のうつ病で、食事も十分にとれず**身体的な管理**が必要。

・焦燥感や不安感が強く**不安定な場合**など、医学的に必要がある。

・統合失調症で、**幻覚妄想状態**がある。

・躁うつ病で、**ひどい躁状態**がみられる。

・**自傷他害のおそれ**が強く、社会的信頼を失う可能性がある。

●入院することでメリットが得られる場合もある

　入院の必要はなくても、以下の場合には有効です。

・衣食など日常生活、生活リズムを保つことが一人暮らしで困難。

・一人でいるのが不安である。

・規則的な服薬を守れない。

・飲酒行動に問題があり、入院によって禁酒につながる。

・家庭の状況で、自宅で療養するのが休養にならない

・家にいると仕事が気になるため、切り替えて療養・休養に専念したい。

参考	リワーク・プログラム

　職場復帰を目的とした認知行動療法、作業療法、リハビリテーションを医療機関でプログラムとして構築されているものをリワーク・プログラムという。リワーク・プログラムを受けた人たちの予後は良好であるとされている。

7 社外との連携の必要性と方法

学習の ポイント　メンタルヘルス対策を進めるにあたっては、さまざまな場面での外部の連携先や連携方法、連携のポイントを理解することが大切です。
また、連携の窓口の基本的な考え方も併せて理解が必要です。

1 社外との連携の必要性を理解しよう

　事業場内でメンタルヘルス対策に取り組む際は、外部との**連携も必要**になります。

　事業場内産業保健スタッフがいない場合や、**メンタルヘルスを専門とするスタッフがいない場合**には、よりいっそうの**連携**が求められます。

重要ポイント

●**メンタルヘルスケア**

・**1回限りの教育ではなく、継続的に行っていくもの。**

・**社外との連携も含め、継続的に計画する。**

　メンタルヘルス不調は、管理監督者が日常の部下の様子を観察することで早期に発見できます。そして、発見した際には面談や協力を行います。

　管理監督者だけでは改善できない場合、図表6-8のような方法もあります。また、「治療過程」での連携として、以下のポイントがあります。

●**主治医への相談は基本的に本人の同意が必要となる**

　医師には**守秘義務**があり、本人の同意がないと情報を伝えられません。同意を得て**本人を交えて主治医と直接会う**ことが望ましいでしょう。

図表6-8　問題解決のための連携

状況	部下への対応
①事業場内産業保健スタッフがいる場合	スタッフへの相談を勧める。
②EAP（従業員支援プログラム）機関との契約がある場合	契約窓口への相談を勧める。
③上記①②がない場合	直接精神科や心療内科の受診を勧める。

● **的確な情報を提供し必要な業務上の配慮を相談する**

　主治医に情報を提供することで、**適切な治療と早期の病気改善**につながります。また、復職後の**再発防止**に役立ちます。

2　連携窓口と情報の取り扱い方を把握しよう

● **外部の機関と連携をとる場合は連携窓口を1本化する**

　さまざまな人が医療機関と関わると、医療機関の負担が大きくなります。また、情報内容の解釈が少しずつずれてしまい、混乱を招くことになります。事業場内メンタルヘルス推進者を活用しましょう。

● **得た情報は文書として保管する**

　事業場内の連携や、本人への統一した対応を保つため、文書化しておくことが必要です。

図表6-9　メンタルヘルスに関する情報の収集先

情報等	収集・協力先
メンタルヘルス対策に必要な国の施策や法律改正、調査報告	労働基準監督署、産業保健総合支援センター、中央労働災害防止協会などの発行する文書や運営するホームページ
メンタルヘルスの専門医療機関	保健所や保健センター、精神保健福祉センターなど
ストレス状態や職場環境の評価・改善（職業性ストレス簡易調査票）	中央労働災害防止協会で実施・評価。結果をもとに、中央労働災害防止協会の専門家やEAP機関などの協力を得て、ストレス対策・環境改善を行う。

確認問題と解答・解説
○×チェック

次の記述のうち、適切と思われるものは○に、
不適切と思われるものは×に、それぞれ丸を付けなさい。

---

1. 労働基準監督署や労働局では、心の健康づくり・メンタルヘルス対策の基本的な情報発信や指導を行うとともに、相談窓口を設けているところもある。
〈第27回公開試験〉 （ ○ × ）

2. 中央労働災害防止協会は、労働災害防止団体法に基づき設立され、情報提供、意識向上の運動、コンサルティング、教育研修など様々な支援を行っている。
〈第27回公開試験〉 （ ○ × ）

3. 産業保健総合支援センターは、全国47都道府県に設置されており、専門家を配置して、メンタルヘルス全般の取組に関しての相談に対応している。また、地域窓口（地域産業保健センター）も設置され、主に50人未満の事業場とその従業員を対象に有料で産業保健サービスを提供している。〈第27回公開試験〉 （ ○ × ）

4. 地域障害者職業センターでは、休職中の精神障害者を対象に職場復帰（リワーク）支援を実施したり、職場にジョブコーチを派遣して、職場に適応できるよう支援したりしている。〈第27回公開試験〉 （ ○ × ）

5. EAP（従業員支援プログラム）のサービスでは、企業に対しては、職場組織が生産性に関連する問題を提議することを援助する。〈第27回公開試験〉 （ ○ × ）

6. 「勤労者メンタルヘルスセンター」は、全ての労災病院に設置されており、ストレス関連疾患の診療や相談、メンタルヘルスに関する研究、講習、研修などの業務を行っている。〈第27回公開試験〉 （ ○ × ）

7. 「精神保健福祉センター」は精神保健福祉法に基づき、各都道府県・政令指定都市に設置されている。〈第27回公開試験〉 （ ○ × ）

8. 「働く人の悩みホットライン」は、一般社団法人日本産業カウンセラー協会が実施している無料電話相談である。〈第27回公開試験〉 （ ○ × ）

9. 事業者は、労働安全衛生法に基づき、常時1,000人以上の労働者を使用する場合（有害業務除く）には専属産業医を選任する必要があり、その職務については労

働安全衛生規則に規定されている。〈第29回公開試験〉 （ ○　×）

10. 保健師は、保健指導や健康相談、健康教育、疾病予防、ストレスチェック制度の実施者等を担う。〈第29回公開試験〉 （ ○　×）

11. 「労働者の心の健康の保持増進のための指針」（厚生労働省、2006年、2015年改正）の定義によると、人事労務管理スタッフは、事業場内産業保健スタッフ等に含まれない。〈第29回公開試験〉 （ ○　×）

12. 産業保健総合支援センターは、各都道府県・政令指定都市に設置されている。〈第30回公開試験〉 （ ○　×）

13. 「こころの耳」では、メールでのメンタルヘルスに関する相談を実施している。〈第30回公開試験〉 （ ○　×）

14. 勤労者メンタルヘルスセンターは、職場復帰（リワーク）支援を主たる業務としている。〈第30回公開試験〉 （ ○　×）

確認問題と解答・解説
解答・解説

番号	解答	解説
1	○	設問のとおりです。
2	○	設問のとおりです。事業主の自主的な労働災害防止活動を促進します。
3	×	無料で産業保健サービスを提供しています。
4	○	設問のとおりです。各都道府県に設置されています。
5	○	設問のとおりです。メンタルヘルス対策推進のコンサルテーションも行います。
6	×	一部の労災病院に設置されています。
7	○	設問のとおりです。精神保健および精神障害者の福祉に関する知識の普及、調査研究を行っています。相談および指導においては複雑および困難なものを実施しています。
8	○	設問のとおりです。
9	○	設問のとおりです。一部有害業務があり、500人以上いる場合は、専属産業医を専任する必要があります。
10	○	設問のとおりです。
11	×	人事労務管理スタッフは事業場内産業保健スタッフ等として、健康配慮義務を果たすための労務管理、人事管理を行います。
12	×	産業保健総合支援センターは、全国47都道府県に設置されています。
13	○	設問のとおりです。メール以外に、電話やSNSで実施しています。
14	×	勤労者メンタルヘルスセンターは、ストレス関連疾患の診療、相談を実施しています。

第 **7** 章

心の健康問題をもつ
復職者への支援の方法

1 職場復帰支援の基本的な考え方

学習の ポイント　職場復帰においては、管理監督者からの支援の重要性の理解と、厚生労働省から発表されている「心の健康問題により休業した労働者の職場復帰支援の手引き」の内容を理解することが大切です。

1 職場復帰支援の基本的な考え方を理解しよう

　精神的な病気で休業する従業員にとっては、多くの不安があることを理解しましょう。**病気に対して「本当に治るのか」**、職場復帰に対して「もとの職場に戻れるのか。リストラ対象にならないか」などの不安です。

　このような不安に対しては、管理監督者からの支援が非常に大切になります。

〈管理監督者からの支援による効果〉

・従業員の**不安を軽減**する　　・治療に対して好ましい**影響**を与える。

・より**早期の職場復帰**が可能になる

重要ポイント

● **精神疾患の場合、完全にもとの状態に回復して職場復帰するケースは少ない。**

　⇒復帰後の職場のケアが再発防止に重要となる。

● **職場復帰のための整備**

・職場復帰支援に関する**プログラムやルールを策定**する。

・プログラムやルールに基づいて、管理監督者は公平な態度で行動する。

・支援は、人事労務管理スタッフと産業保健スタッフと**連携**する。

2 職場復帰支援の基本的な流れを理解しよう

　厚生労働省から発表された「心の健康問題により休業した労働者の職場復帰支援の手引き」が**参考**になります。個々の企業の**実態に合わせて**、職場復帰支援のプログラムやルールを**策定する**よう求められています。

図表7-1　職場復帰支援の流れ

〈第1ステップ〉病気休業開始及び休業中のケア

ア　病気休業開始時の労働者からの診断書（病気休業診断書）の提出
イ　管理監督者によるケア及び事業場内産業保健スタッフ等によるケア
ウ　病気休業期間中の労働者の安心感の醸成のための対応
エ　その他

〈第2ステップ〉主治医による職場復帰可能の判断

ア　労働者からの職場復帰の意思表示と職場復帰可能の判断が記された診断書の提出
イ　産業医等による精査
ウ　主治医への情報提供

〈第3ステップ〉職場復帰の可否の判断及び職場復帰支援プランの作成

ア　情報の収集と評価
　　（ア）労働者の職場復帰に対する意思の確認
　　（イ）産業医等による主治医からの意見収集
　　（ウ）労働者の状態等の評価
　　（エ）職場環境の評価
　　（オ）その他
イ　職場復帰の可否についての判断

ウ　職場復帰支援プランの作成
　　（ア）職場復帰日
　　（イ）管理監督者による業務上の配慮
　　（ウ）人事労務管理上の対応
　　（エ）産業医等による医学的見地からみた意見
　　（オ）フォローアップ
　　（カ）その他

〈第4ステップ〉最終的な職場復帰の決定

ア　労働者の状態の最終確認
イ　就業上の配慮等に関する意見書の作成

ウ　事業者による最終的な職場復帰の決定
エ　その他

職場復帰

〈第5ステップ〉職場復帰後のフォローアップ

ア　症状の再燃・再発、新しい問題の発生等の有無の確認
イ　勤務状況及び業務遂行能力の評価
ウ　職場復帰支援プランの実施状況の確認
エ　治療状況の確認

オ　職場復帰支援プランの評価と見直し
カ　職場環境等の改善等
キ　管理監督者、同僚等への配慮等

（出典）厚生労働省「心の健康問題により休業した労働者の職場復帰支援の手引き（2009年3月改訂）」より。

2 管理監督者による職場復帰支援の実際

**学習の
ポイント**

管理監督者が職場復帰支援を行うには、各段階(ステップ)の内容とポイントを理解することが必要となります。ステップごとに実施すべきことや、連携の方法などの理解が大切です。

〈第1ステップ〉病気休業開始および休業中のケア

●休業の判断がなされた時点で職場復帰支援を開始する

　主治医から復職診断書が出されてからではなく、**休業の判断がなされた時点**から開始されることが望まれます。

重要ポイント

　●**病気休業の開始**

　　人事労務管理スタッフだけではなく、**事業場内産業保健スタッフにも連絡**する。休職までに、事業場内産業保健スタッフにフォローされているケースもある。

●管理監督者だけではなく事業場内産業保健スタッフと連携して行う

　休業中の従業員への連絡の頻度や内容は、病状や他の状況によって判断します。

・安心して**療養に専念する**ように働きかける。

　⇒「刺激を与えないようにいっさい連絡を取らない」または「必要以上に頻繁に連絡を取る」などは、**適切なケアに結び付かない**。

・職場状況や職場復帰支援に関するしくみ等について、傷病手当金制度など**必要な情報を知らせる**。

・うつ状態の労働者から辞職や役職の辞退等の申し出があった場合は、健康状態が**回復してから判断**すればよいとアドバイスする。

重要ポイント

●**休業中のケア**

・必要な場合は、**本人の了解**をとって、**事業場内産業保健スタッフ**を中心に主治医との連携をはかる。
・「休業開始後の関係者間の連携」や「主治医との連絡の方法」について、職場復帰支援に関する**ルール**のなかで取り決めておく。

〈第2ステップ〉主治医による職場復帰可能の判断

　従業員から職場復帰の希望を伝えられた管理監督者は、主治医の**診断書（復職診断書）**を提出するように、本人に伝えます。復職診断書には、必要と思われる**就業上の配慮事項**を記載するよう、アドバイスをします。
・一般的な書式でも就業上の配慮についての記載欄等が追加してあれば有効に使える。
・産業医が選任されていない企業では、主治医の意見を求めるためのよい方法になる。
・関係者（本人、管理監督者、人事労務管理スタッフ、事業場内産業保健スタッフ等）の間で、職場復帰支援のための**面接日**を調整する。

重要ポイント

●**診断書の準備**
　記載すべき内容やプライバシーについて十分な検討を行い、**本人の同意**を得たうえで使用する。

〈第3ステップ〉
職場復帰の可否の判断および職場復帰支援プランの作成

●主治医による職場復帰の判断は主に症状の評価を中心に行われる

本人が職場復帰をあせり、主治医に職場復帰につながる診断書を希望した可能性もありますので、主治医からの**診断書だけ**で職場復帰の判定を行うことは避けましょう。

●従業員の病状だけではなく職場環境の評価と併せて判断する

必要な関係者（本人、管理監督者、人事労務管理スタッフ、事業場内産業保健スタッフ等）と**情報交換**を行い、**総合的に判断**します。

> **重要ポイント**
>
> ●**従業員の職場復帰**
> ・本人の職場復帰に対する**明確な意思**を必ず確認すること。
> ・試し出勤制度を取り入れている事業場もある。

〈主治医との情報交換のポイント〉
・健康に関する高度なプライバシー情報のため、**本人の同意**を得たうえで**産業医が中心**になって行う。
・**安全配慮義務を履行**するために必要な情報を中心に収集する。
・就業上の配慮に関する意見を主治医に確認する場合は、厚生労働省「心の健康問題により休業した労働者の職場復帰支援の手引き」に示される「**職場復帰支援に関する情報提供依頼書**」を用いるとよい。

〈業務遂行能力の評価の例〉
・少なくとも、通勤時間帯に一人で**安全に通勤**できる。
・必要な時間勤務できる程度に**精神的・身体的**な力が**回復**している。
・規則正しい**睡眠覚醒リズム**が**回復**している。

業務遂行能力を高めるためにもリワーク・プログラムが有効であり、利用が推奨されています。

図表7-2　職場復帰支援に関する情報提供依頼書

様式例1

年　　月　　日

職場復帰支援に関する情報提供依頼書

病院

クリニック　　　　先生　御机下

〒

○○株式会社　　　　○○事業場

産業医　　　　　　　　　　印

電話　○−○−○

　下記1の弊社従業員の職場復帰支援に際し、下記2の情報提供依頼事項について任意書式の文書により情報提供及びご意見をいただければと存じます。

　なお、いただいた情報は、本人の職場復帰を支援する目的のみに使用され、プライバシーには十分配慮しながら産業医が責任を持って管理いたします。

　今後とも弊社の健康管理活動へのご協力をよろしくお願い申し上げます。

記

1　従業員

氏　名 ○○○○（男・女）

生年月日　　年　　月　　日

2　情報提供依頼事項

（1）発症から初診までの経過

（2）治療経過

（3）現在の状態（業務に影響を与える症状及び薬の副作用の可能性なども含めて）

（4）就業上の配慮に関するご意見（疾患の再燃・再発防止のために必要な注意事項など）

（5）

（6）

（7）

（本人記入）

私は本情報提供依頼書に関する説明を受け、情報提供文書の作成並びに産業医への提出について同意します。

年　　月　　日　　　　　　　　　氏名　　　　　　　印

（出典）厚生労働省「心の健康問題により休業した労働者の職場復帰支援の手引き（2009年3月改訂）」より。

●具体的に職場復帰支援プランを作成する

　職場復帰が可能と判断されれば、管理監督者、事業場内産業保健スタッフ等は、職場復帰支援のための**プランを作成**します。

プラン作成の際には、「心の健康問題により休業した労働者の職場復帰支援の手引き」に示される**「職場復帰支援プラン作成の際に検討すべき内容」**を参考にするとよいでしょう（図表7-3）。

図表7-3　職場復帰支援プラン作成の際に検討すべき内容

> **（ア）職場復帰日**
> 　　復帰のタイミングについては、労働者の状態や職場の受入れ準備状況の両方を考慮した上で総合的に判断する必要がある。
> **（イ）管理監督者による就業上の配慮**
> 　　a　業務でのサポートの内容や方法
> 　　b　業務内容や業務量の変更
> 　　c　段階的な就業上の配慮（残業・交替勤務・深夜業務等の制限又は禁止、就業時間短縮など）
> 　　d　治療上必要なその他の配慮（診療のための外出許可）など
> **（ウ）人事労務管理上の対応等**
> 　　a　配置転換や異動の必要性
> 　　b　本人の病状及び業務の状況に応じて、フレックスタイム制度や裁量労働制度等の勤務制度変更の可否及び必要性
> 　　c　その他、段階的な就業上の配慮（出張制限、業務制限（危険作業、運転業務、高所作業、窓口業務、苦情処理業務等の禁止又は免除）、転勤についての配慮）の可否及び必要性
> **（エ）産業医等による医学的見地からみた意見**
> 　　a　安全配慮義務に関する助言
> 　　b　その他、職場復帰支援に関する意見
> **（オ）フォローアップ**
> 　　a　管理監督者によるフォローアップの方法
> 　　b　事業場内産業保健スタッフ等によるフォローアップの方法（職場復帰後のフォローアップ面談の実施方法等）
> 　　c　就業制限等の見直しを行うタイミング
> 　　d　全ての就業上の配慮や医学的観察が不要となる時期についての見通し
> **（カ）その他**
> 　　a　職場復帰に際して労働者が自ら責任を持って行うべき事項
> 　　b　試し出勤制度等がある場合はその利用についての検討
> 　　c　事業場外資源が提供する職場復帰支援サービス等の利用についての検討

（出典）厚生労働省「心の健康問題により休業した労働者の職場復帰支援の手引き（2009年3月改訂）」より。

プラン作成のポイントは、以下のとおりです。

・回復の経過に合わせ、**複数の段階を設定**し、段階に応じて内容や期間を設定する。

・**フォローアップ**についても、タイミングなどを**明確**にしておく。

・再燃・再発を防ぐための工夫をする。

> **重要ポイント**
>
> ●**プラン作成時の検討事項**
> **事業場内産業保健スタッフの意見**を聞きながら具体化する。
>
> ・管理監督者が行う業務上の配慮
> ・人事労務管理上の対応（配置転換、異動など）

〈第4ステップ〉最終的な職場復帰の決定

職場復帰可能の判断、職場復帰プラン、産業医による意見書などをもとに、**企業のトップによる最終的な職場復帰の判断**が行われます。

判断の結果は、状況の変化に応じて適宜更新します。

〈第5ステップ〉職場復帰後のフォローアップ

管理監督者には、フォローアップにおいて**重要な役割**があります。本人について、以下の点に注意します。

・**受診**の様子

・症状の**再燃**の有無

・**業務遂行能力**や勤務の状況

・意見書等で示されている**就業上の配慮**の履行状況

3 職場復帰支援における留意事項

学習の
ポイント 職場復帰支援を行う際に、管理監督者として注意すべき点がいくつか
あります。特に、プライバシーの保護や本人への心理的支援などは、管
理監督者にとって重要な留意事項です。

1 プライバシーの保護を理解しよう

　復職に関する情報のほとんどは、労働者の**プライバシーに深く関わる**
ものとなります。

・プライバシーに関わる情報管理は、情報収集、利用の目的、取扱い方
　法の**ルールを明確**に定めておくことです。

重要ポイント

●**個人情報の取扱い**

・従業員の個人情報は、原則として**本人の同意**を得たうえで扱う。

・本人の同意を得る際は、本人の職場復帰にあたり**不利な立場**にお
　かれないように配慮。

・個人情報を扱う際には、復職サポートと「**事業者の安全配慮義務**」
　の履行を目的としたものに限定する。

2 職場復帰する従業員への心理的支援を理解しよう

　管理監督者は、職場復帰する従業員に対し十分なコミュニケーション
をはかることが必要になります。

・調子をみながら、**ゆっくりペースを上げればよい**ことを伝える。

・何か心配なことがあったら、**いつでも相談にのる**ことを伝える。

> **重要ポイント**
>
> ●**従業員の心理**
>
> ・心の病による休業は、多くの従業員にとって働くことについての**自信を失わせるできごと**となる。
>
> ⇒周囲の人は、必要に応じて**適宜声をかける**ようにする。
>
> ・疾病による休業は、本人に**キャリアデザインの見直し**を迫る機会になることもある。
>
> ⇒労働観や健康管理のあり方を見つめ直すことで、**症状の再燃・再発の予防**につながり、**仕事生活をより豊か**にする。

3 中小規模事業場における外部機関との連携を理解しよう

中小規模事業場で産業医等の人材が確保されていない場合などは、**必要に応じて事業場外資源のサポートを受ける**ことが必要となります（第6章第2節参照）。

・地域産業保健センター

・都道府県の産業保健総合支援センター

・中央労働災害防止協会

・労災病院の勤労者メンタルヘルスセンター

・医療機関や精神保健福祉センターなどでのリハビリテーションプログラム（うつ病による休業等の復職のため）など

> **重要ポイント**
>
> ●**事業場外資源の利用**
>
> 管理監督者は、**人事労務管理スタッフや衛生管理者と連携**しながら、事業場外資源のサポートを求める。

4 治療と仕事の両立支援における留意事項

学習のポイント 事業場が、疾病を抱える従業員に対して、適切な就業上の措置や治療に対する配慮を行い、治療と仕事が両立できるように支援することは重要です。

◉両立支援の重要性を理解しよう

「治療と職業生活の両立」とは、働く意欲・能力のある労働者が、適切な治療を受けながら、生き生きと就労を続けられることです。

労働安全衛生法では、具体的に規定はされていませんが、健康確保対策の一環として位置付けれます。

労働者の健康確保とともに、継続的な人材の確保や労働者の安心感・モチベーションの向上につながることで生産性の向上、健康経営の実現といった意義もあります。

これを政策として推進するために、「事業場における治療と仕事の両立支援のためのガイドライン」が示されています。

重要ポイント

●ガイドラインの対象

- ガイドラインの対象者は、主に事業者、人事労務担当者および産業保健スタッフとしているが、労働者本人や家族、支援にかかわる方にも活用可能。
- 対象は、がん、脳卒中、心疾患、糖尿病、その他の難病など反復・継続して治療が必要となる疾病。短期治療の疾病は対象外。

重要ポイント

●両立支援の留意事項

- 安全と健康の確保
- 労働者本人による取り組み
- 労働者本人の申出
- 両立支援の特徴を踏まえた対応
- 個別事例の特性に応じた配慮
- 対象者、対応方法の明確化
- 個人情報の保護
- 両立支援にかかわる関係者間の連携の重要性
- 両立支援の進め方
- 情報など

確認問題と解答・解説
○×チェック

次の記述のうち、適切と思われるものは○に、
不適切と思われるものは×に、それぞれ丸を付けなさい。

※下線部は補足修正

1. 心の健康問題により休業した労働者の職場復帰支援の手引きにおける、「職場復帰」に関する内容として、職場復帰の前に、就業上の配慮等に関する意見書の作成が行われる。〈第27回公開試験〉　　　　　　　　　　　　　（ ○　　× ）

2. 心の健康問題により休業した労働者の職場復帰支援の手引きにおける、「職場復帰」に関する内容として、職場復帰の可否の判断は第3ステップで行われる。〈第27回公開試験〉　　　　　　　　　　　　　　　　　　　　　（ ○　　× ）

3. 心の健康問題により休業した労働者の職場復帰支援の手引きにおける、「職場復帰」に関する内容として、職場復帰支援プランの作成は第3ステップで行われる。〈第27回公開試験〉　　　　　　　　　　　　　　　　　　　（ ○　　× ）

4. 心の健康問題により休業した労働者の職場復帰支援の手引きにおける、「職場復帰」に関する内容として、最終ステップの結果として職場復帰となる。〈第27回公開試験〉　　　　　　　　　　　　　　　　　　　　　（ ○　　× ）

5. 職場復帰支援に関する内容として、心の病による休業は、多くの人にとって働くことへの自信を失わせる出来事となるので、周囲の人は遠巻きに心配するのではなく、必要に応じて適宜声かけを行うようにしたほうがよい。〈第29回公開試験〉　　　　　　　　　　　　　　　　　　　　　　　　　（ ○　　× ）

6. 職場復帰支援に関する内容として、管理監督者は、何か心配なことがあったらいつでも相談に乗ることをきちんと伝えながらも、必要最低限のコミュニケーションに留める必要がある。〈第29回公開試験〉　　　　　　　　　　　（ ○　　× ）

7. 職場復帰支援に関する内容として、疾病による休業は、時には労働者のキャリアデザインの見直しを迫る機会となる。〈第29回公開試験〉　　　　　（ ○　　× ）

8. 職場復帰支援に関する内容として、心の病による休業について、自分がなぜこういった状況に至ったかなどは、単なる偶然で済まさずに、これまでの労働観や自己の健康管理のあり方も含めて見つめ直す機会にできれば、今後の仕事生活をより豊かにするきっかけにもなる。〈第29回公開試験〉　　　　　　（ ○　　× ）

9. 主治医から職場復帰可能の診断が記された診断書が提出されることは、「心の健康問題により休業した労働者の職場復帰支援の手引き」における、「第1ステップ」である。〈第30回公開試験〉　　　　　　　　　　　　　（ ○　×）

10. 病気休業の開始に当たり、主治医の診断書が労働者から管理監督者に提出されるが、このことは人事労務管理スタッフだけでなく、産業保健スタッフにも連絡するほうがよいことは、「心の健康問題により休業した労働者の職場復帰支援の手引き」における、「第1ステップ」である。〈第30回公開試験〉　　（ ○　×）

11. 病気休業期間中の労働者の安心感の醸成のための対応がなされることは、「心の健康問題により休業した労働者の職場復帰支援の手引き」における、「第1ステップ」である。〈第30回公開試験〉　　　　　　　　　　　（ ○　×）

12. 管理監督者によるケア及び事業場内産業保健スタッフ等によるケアがなされることは、「心の健康問題により休業した労働者の職場復帰支援の手引き」における、「第1ステップ」である。〈第30回公開試験〉　　　　　　　　　（ ○　×）

確認問題と解答・解説
解答・解説

番号	解答	解説
1	○	設問のとおりです。最終的な職場復帰の決定（第4ステップ）で行われます。
2	○	設問のとおりです。
3	○	設問のとおりです。プラン作成の際に検討すべき内容として、職場復帰日、管理監督者による業務上の配慮、人事労務管理上の対応、産業医等による医学的見地からみた意見、フォローアップなどが含まれます。
4	×	第4ステップの結果として職場復帰となります。第5ステップ（最終ステップ）では職場復帰後のフォローアップを行います。
5	○	設問のとおりです。
6	×	管理監督者は、職場復帰する従業員に対して必要最低限のコミュニケーションではなく、十分なコミュニケーションをはかることが必要になります。
7	○	設問のとおりです。
8	○	設問のとおりです。見つめなおすことで、症状の再燃・再発の防止にもつながります。
9	×	職場復帰支援は、主治医からの職場復帰可能の診断書が出されてから開始するのではなく、休業の判断がされた時点から開始されます。職場復帰可能の診断書が提出されるのは第2ステップです。
10	○	設問のとおりです。
11	○	設問のとおりです。
12	○	設問のとおりです。

第 8 章

メンタルヘルス・マネジメント
検定試験II種
模擬問題と解答・解説

模擬問題

【第1問】 次の [1] ～ [10] の設問に答えなさい。

第1問 [1]　労働安全衛生調査（2018 年厚生労働省）に関する次の記述について、
最も<u>不適切なもの</u>を 1 つだけ選び、解答欄にその番号を記入しなさい。

① 「仕事や職業生活に関する強い不安、悩み、ストレスがある」と回答した労働
者の割合は約 6 割となっている。

② 「仕事や職業生活に関する強い不安、悩み、ストレスがある」と回答した労働
者の割合は、就業形態別では、正社員より契約社員のほうが高い。

③ 「仕事や職業生活に関する強い不安、悩み、ストレスがある」と回答した女性
労働者では、その原因として「仕事の質・量」が一番高くなっている。

④ 相談できる相手がいる割合は男女ともに 90％を超えている。

解答欄

第1問 [2]　労働安全衛生調査（2018 年）に関する次の記述について、最も適切な
ものを 1 つだけ選び、解答欄にその番号を記入しなさい。

① 過去 1 年間にメンタルヘルス不調により連続 1 か月以上休職、または退職した
労働者がいる事業所の割合は、それぞれ 20％を超えている。

② 過去 1 年間にメンタルヘルス不調により連続 1 か月以上休職、または退職した
労働者がいる事業者の割合は、50 人以上の規模の事業所では、ともに 5％程度に
なっている。

③ メンタルヘルス対策に取り組んでいる事業所は 59.2％になっており、この 5 年
ほどはほぼ横ばいになっている。

④ メンタルヘルス対策に取り組んでいる実施内容では、「労働者のストレスの状
況などについて調査票を用いての調査（ストレスチェック）」より、「労働者への
教育研修・情報提供」の方が実施率は高い。

解答欄

第1問 [3] ストレスおよびメンタルヘルスケアに関する次の記述について、最も不適切なものを1つだけ選び、解答欄にその番号を記入しなさい。

① 厚生労働省は2011年、地域医療の基本方針となる医療計画に盛り込む疾病として、がん、脳卒中、急性心筋梗塞、高脂血症（脂質異常症）に、精神疾患を加えて「五大疾病」とする方針を打ち出した。

② 警察庁の統計では、2019年の被雇用者・勤め人の自殺者数は、6,202人となっている。

③ 公益財団法人日本生産性本部の2019年の調査では、最近3年間で企業内の「心の病」が増加傾向にあると回答した企業は、32.0％であった。

④ 公益財団法人日本生産性本部の2019年の調査では、「心の病」が多い年齢層は、30歳代、次いで10〜20歳代である。

解答欄

第1問 [4] メンタルヘルス対策における法制面に関する次の記述について、最も不適切なものを1つだけ選び、解答欄にその番号を記入しなさい。

① 従業員の健康管理問題に関する公法的規制として、1972年に制定された労働安全衛生法がある。

② 労働安全衛生法の改正によって、2015年12月からストレスチェック制度が導入された。

③ 2019年に労働安全衛生法が改正され、1週あたり40時間を超えて行う労働が、1月あたり100時間を超え、かつ、疲労の蓄積が認められる場合、申し出を行った労働者に対して、医師による面談指導を実施することが義務づけられた。

④ 2020年6月改正（施行）の労働施策総合推進法によって、パワーハラスメント（パワハラ）の法制化がなされた。

解答欄

第1問[5]　「仕事と生活の調和推進のための行動指針」（仕事と生活の調和推進官民トップ会議）に関する次の記述について、最も<u>不適切なもの</u>を一つだけ選び、解答欄にその番号を記入しなさい。

① 「就労による経済的自立」に向けた取り組みとして、「人物本位による正当な評価に基づく採用」がある。
② 「多様な働き方・生き方が選択できる社会」に向けた取り組みとして、「就業形態にかかわらず公正な処遇や積極的な能力開発を行う」がある。
③ 「多様な働き方・生き方が選択できる社会」に向けた取り組みとして、「パート労働者等については正規雇用へ移行しうる制度づくり等を行う」がある。
④ 「健康で豊かな生活のための時間が確保できる社会」に向けた取り組みとして、「取引先への計画的な発注、納期設定に努める」がある。

解答欄 [　　　]

第1問[6]　企業にとってのメンタルヘルスケアに取り組む意義に関する次の記述について、最も<u>不適切なもの</u>を1つだけ選び、解答欄にその番号を記入しなさい。

① 仕事と生活の調和（ワーク・ライフ・バランス）憲章では、「就労による経済的自立が可能な社会」「健康で豊かな生活のための時間が確保できる社会」「多様な働き方・生き方が選択できる社会」を目指すべきであると指摘している。
② ワーク・ライフ・バランスへの取り組みは、メンタルヘルス対策と共通する部分が多く、企業の重要な課題となっている。
③ 従業員がメンタルヘルスを悪化させると、集中力や注意力が低下し、生産性が低下しやすい。また、休職者が出ると、職場の戦力ダウンは避けられず、労働力の損失は小さくない。
④ 従業員の健康や満足感と組織の生産性を両立することは可能であり、相互作用により互いに強化することができるという考え方は、職業性ストレスモデルと呼ばれる。

解答欄 [　　　]

第1問 [7] ワーク・エンゲイジメントに関する次の記述について、最も<u>不適切な</u>ものを1つだけ選び、解答欄にその番号を記入しなさい。

① ワーク・エンゲイジメントとは、「仕事に誇りややりがいを感じている（熱意）」、「仕事に熱心に取り組んでいる（没頭）」、「仕事から活力を得ていきいきとしている（活力）」の3つがそろった状態である。

② ワーク・エンゲイジメントを高める活動を円滑に展開するための共通する枠組みのひとつに「仕事の要求度－資源モデル」があり、「動機づけプロセス」と「健康障害プロセス」の2つのプロセスから構成されている。

③ 「動機づけプロセス」にある「仕事の資源」とは仕事の裁量権や上司・同僚からの支援を指し、「個人の資源」とは自己効力感やレジリエンスなどの個人のもつ強みのことをいう。

④ 活力ある職場づくりでは、「仕事の要求度－資源モデル」の2つのプロセスの出発点である「仕事の要求度」の向上と「仕事の資源」「個人の資源」の向上がポイントになる。

解答欄

第1問 [8] マネジメントに関する次の記述について、最も<u>不適切なもの</u>を1つだけ選び、解答欄にその番号を記入しなさい。

① 雇用形態や就業構造が多様化する中で、健康・安全活動において求められる具体的な組織マネジメントの仕組みとして、健康経営にかかわる表彰制度（健康経営銘柄・健康経営優良法人認定制度）と日本産業規格「JIS」が制定する労働安全衛生マネジメントシステム（OSHMS）の2つがある。

② メンタルヘルスケアに必要なマネジメントスキルに、「メンタルヘルスの取り組み目標を設定する」がある。

③ メンタルヘルスケアに必要なマネジメントスキルの「目標に対する課題の把握と分析」では、目標と現状とのギャップから課題を把握し、組織の課題と人の課題の分析を行っていくようにする。

④ メンタルヘルスケアの継続的な取り組みと改善のためPDCAサイクルを使って的確な運用をするのは、その組織に所属する管理監督者である。

解答欄

第1問 [9] ストレスによる健康障害への影響に関する次の記述について、最も<u>不適切なもの</u>を1つだけ選び、解答欄にその番号を記入しなさい。

① 労働者が1日6時間程度の睡眠が確保できない状態は、1日の労働時間が8時間を越え、4時間程度の時間外労働を行った場合に相当する。
② 月100時間を超える時間外労働は、業務と脳・心臓疾患の発症との関連性が強いとされている。
③ 温度変化や騒音などの作業環境は、脳・心臓疾患の発症との関連性はないとされている。
④ 循環器系疾患の疾病休業者は、仕事のコントロールが有意に低い傾向がある。

解答欄

第1問 [10] ハラスメントに関する次の記述について、最も<u>不適切なもの</u>を1つだけ選び、解答欄にその番号を記入しなさい。

① 1999年改正の男女雇用機会均等法では、事業主の配慮義務が明文化され、2007年の改正によって、男女の区別をなくすとともに、配慮義務から措置義務に改められた。
② セクハラに関する法的規制については、男女雇用機会均等法のほか、これを規制する特別の法律は存在しない。
③ パワハラの行為類型の中に、「過小な要求」が掲げられている。
④ パワハラを規制する特別の法律は存在せず、労働者の権利が侵害された場合は、民法や刑法等の一般法が適用される。

解答欄

【第2問】 次の［1］〜［4］の設問に答えなさい。

第2問［1］ ストレスによる健康障害のメカニズムに関する次の記述について、最も適切なものを1つだけ選び、解答欄にその番号を記入しなさい。

① 怒りや不安を感じたときに動悸がしたり、抑うつ気分のときに食欲がなくなるのは、感情と免疫系の機能が密接に関連している。
② 神経伝達物質は、不安や抑うつ気分、意欲、活動性などと密接に関連があり、神経伝達物質の産生や伝達が障害されるとうつ病などのメンタルヘルス不調を引き起こす。
③ 生命の危機などの強いストレッサーや不安を感じる状態に直面すると副交感神経系が優位になり、交感神経系は睡眠や休息時などに優位になる。
④ 急性の強いストレス、持続的な慢性ストレス状態では、内分泌系、自律神経系の機能が抑制され、免疫系の機能が亢進した状態となり、身体のバランスが保てなくなる。

解答欄

第2問［2］ 産業ストレスに関する次の記述について、最も適切なものを1つだけ選び、解答欄にその番号を記入しなさい。

① 米国立労働安全衛生研究所（NIOSH）の職業性ストレスモデルでは、家族や家庭からの欲求などの「仕事以外の要因」は取り入れられていない。
② 厚生労働省「労働市場分析レポート第23号（2013年10月）」の報告によると、大卒者では約3割、高卒者では約6割の新入社員が、就職後3年以内に転・退職している。
③ 年功制や終身雇用制の廃止、成果主義の導入など急速な構造的変化による労働環境の変化は、労働者のストレスを増している。
④ 高齢者は、新しいことを覚える記銘力や記憶したことを思い出す想起力、および総合的に判断する能力は、低下していく。

解答欄

第2問 [3] パニック障害に関する次の記述について、最も<u>不適切なもの</u>を1つだけ選び、解答欄にその番号を記入しなさい。

① 動悸、めまい、息苦しさ、非現実感などの突然起こる不安発作が繰り返される。
② また同じように発作が起こるのではないか、といった予期不安を認める。
③ 電車に乗ったり、人の多い場所に外出することが困難になることはない。
④ 身体検査でも、呼吸器系、循環器系、脳神経系などには明らかな異常所見は見られない。

解答欄

第2問 [4] ストレスによる健康障害のメカニズムに関する次の記述について、最も<u>不適切なもの</u>を1つだけ選び、解答欄にその番号を記入しなさい。

① 自律神経系の異常　－　胃・十二指腸潰瘍
② 内分泌系の異常　－　糖尿病
③ 内分泌系の異常　－　脳卒中
④ 免疫系の異常　－　過敏性腸症候群

解答欄

【第3問】 次の［1］～［4］の設問に答えなさい。

第3問　［1］　職場環境とストレスに関する次のＡ～Ｄの記述について、正しいもの（○）と誤っているもの（×）の組み合わせとして、最も適切なものを１つだけ選び、解答欄にその番号を記入しなさい。

Ａ．仕事の負荷が大きすぎると過重労働につながりストレスの原因となり得るが、仕事の負荷が少なすぎる場合は、ストレスの原因とはならない。
Ｂ．質問紙調査は、信頼性の高さや調査の容易さなどの理由で広く利用されている。
Ｃ．職業性ストレス簡易調査票は、ストレス反応だけではなく、職場のストレス要因や修飾要因も評価できる。
Ｄ．職場環境改善に役立った具体例として、「多能工化を取りやめ、一人で業務を担当できるようにする」がある。

①　（Ａ）×（Ｂ）×（Ｃ）○（Ｄ）○
②　（Ａ）×（Ｂ）○（Ｃ）○（Ｄ）×
③　（Ａ）○（Ｂ）○（Ｃ）×（Ｄ）×
④　（Ａ）○（Ｂ）×（Ｃ）×（Ｄ）○

解答欄

第3問　［2］　職場環境改善のためのヒント集（メンタルヘルスアクションチェックリスト）に関する次の記述について、最も<u>不適切なもの</u>を１つだけ選び、解答欄にその番号を記入しなさい。

①　全国から職場のメンタルヘルスやストレス対策のために実施された職場環境等の改善事例を収集し、現場で利用しやすい６つの領域30項目に集約・整理してある。
②　従来の「危険箇所点検リスト」や「確認リスト」など、合否判定に利用される一般的なチェックリストである。
③　職場環境等の重要なポイントを中心に点検し、その後の職場での話し合いで、参加者のアイデアを膨らませるためのチェックリストである。
④　現場ですぐに取り組む優先対策を検討することに有効である。

解答欄

第3問 [3] 職場環境とストレスに関する次の記述について、**最も不適切なもの**を1つだけ選び、解答欄にその番号を記入しなさい。

① 仕事のストレスの原因は、「作業内容及び方法」「職場組織」「職場の物理化学的環境」によるものに分けることができる。

② 仕事のストレスの原因の「従業員に自由度や裁量権がほとんど与えられていない」は、「職場組織」によるものに該当する。

③ 仕事のストレスの原因の「好ましくない作業レイアウトや人間工学的環境」は、「職場の物理化学的環境」によるものに該当する。

④ ILO（国際労働機関）の報告では、職場のストレス対策において、個人向けのアプローチの効果は一時的・限定的であり、職場環境等の改善を通じた対策のほうがより効果的としている。

解答欄

第3問 [4] 職場環境等の改善の評価方法に関する次の記述について、**最も不適切なもの**を1つだけ選び、解答欄にその番号を記入しなさい。

① 仕事のストレス判定図は、仕事の量的負荷がどの程度改善したかなどを評価することはできるが、裁量権や自由度などの仕事のコントロールの改善については評価できない。

② 評価にあたっては、改善実行レベル（改善計画がどの程度実施されたか）を評価することが必要になる。

③ 職場改善などの取り組みを評価する方法は有効であり、生産性の向上、欠勤率の減少、休業日数の変化を評価するなどが該当する。

④ 調査票などを用いて、改善前後の健康情報を評価する方法がある。

解答欄

【第4問】次の [1] 〜 [12] の設問に答えなさい。

第4問 [1] 長時間労働に関する次の記述のうち、最も<u>不適切なもの</u>を1つだけ選び、解答欄にその番号を記入しなさい。

① 「心理的負荷による精神障害の認定基準」では、業務による強い心理的負荷となる出来事のうち「特別な出来事」として、発病直前の1か月におおむね160時間を超えるような時間外労働を行うことは、心理的負荷の総合評価を「強」とするものとされている。

② 長時間労働は、脳・心臓疾患の発症との関連が強いという医学的知見は得られていない。

③ 「過重労働による健康障害防止のための総合対策（2006年）」では、過重労働による健康障害を防止するために事業者が講ずべき措置として、「労働時間等の設定の改善」が挙げられている。

④ 「過重労働による健康障害防止のための総合対策（2006年）」では、長時間労働を行った労働者に対する面接指導について、面接を実施した場合は、医師から意見を聴取し、必要があると認められた場合は、労働時間の短縮などの適切な事後措置を講じるものとされている。

解答欄 □

第4問 [2] 「心理的負荷による精神障害の認定基準」において、「特別な出来事以外」で心理的負荷が「強」とされる心理社会的ストレスに関する次の記述のうち、最も<u>不適切なもの</u>を1つだけ選び、解答欄にその番号を記入しなさい。

① 違法行為を強要された。

② 身体的攻撃、精神的攻撃等のパワーハラスメントを受けた。

③ 退職を強要された。

④ 同僚から、ひどい嫌がらせ、いじめ、または暴行を受けた。

解答欄 □

第4問 [3] 管理監督者が注意すべき部下のストレス要因に関する次の記述のうち、最も適切なものを1つだけ選び、解答欄にその番号を記入しなさい。

① 社会的に糾弾される立場に追い込まれたり、孤立無援の状態は、うつ病などのメンタルヘルス不調だけではなく、自殺に至ることもある。
② 私生活での変化や出来事を体験した従業員に対しては、問題解決を支援するために声を掛け、できるだけ多くの情報を丁寧に聴いていく必要がある。
③ うつ病などのメンタルヘルス不調の発病との関連が認められる可能性の高いストレス要因は、すべて排除する必要がある。
④ ストレス要因が認められなくても、勤務態度や言動に変化がみられた従業員に対しては、ストレス要因を特定できるように観察し続けることが必要である。

解答欄

第4問 [4] 健康づくりのための睡眠指針(厚生労働省2014年)に関する次の記述のうち、最も適切なものを1つだけ選び、解答欄にその番号を記入しなさい。

① 睡眠パターンは個人差が大きいものの、できるだけ8時間の睡眠時間を確保することに努める。
② 眠くなくても早く寝床で過ごすことで、熟眠感が増える。
③ 眠りが浅い時は、積極的に早寝、早起きにする。
④ 年齢を重ねると、睡眠時間は短くなる。

解答欄

第4問[5] 個人情報保護法に関する次の記述について、**最も不適切なもの**を1つ
だけ選び、解答欄にその番号を記入しなさい。

① 個人情報とは特定個人を識別できる情報のすべてのことをいう。

② 個人情報保護法の改正（2017年5月）では、個人情報について適正な取得と
その利用目的の通知、また第三者への提供の禁止を定めているが、罰則は付いて
いない。

③ 個人情報取扱事業者とは、取り扱う個人情報の数にかかわらず、個人情報デー
タベース等を事業の用に供している者をいう。

④ 病歴などの慎重な扱いが求められる「要配慮個人情報」は、人の生命・身体・
財産の保護のために必要な場合で、本人の同意を得るのが困難な場合にのみ、同
意なしで取得できる。

解答欄

第4問[6] リラクセーションに関する次の記述のうち、**最も適切なもの**を1つだ
け選び、解答欄にその番号を記入しなさい。

① 緊張したときや不安なときは腹式呼吸となるが、胸式呼吸をすることで心身を
リラックスさせることができる。

② 漸進的筋弛緩法は、自己暗示の練習によって不安や緊張を軽減させ、自律神経
の働きのバランスを整えるリラクセーション方法である。

③ リラクセーションを行う際に共通するポイントとして、受動的態度がある。

④ 自律訓練法は、全部の公式をすることで効果がある。

解答欄

第4問 [7] 過重労働に関する次の記述について、最も適切なものを1つだけ選び、解答欄にその番号を記入しなさい。

① 厚生労働省は、労働時間が1か月で100時間を超える、または2～6か月の平均で月80時間を超えると、健康障害のリスクが非常に高まると報告している。
② 生活習慣病予防のための特定健診・特定保健指導の義務化において、45歳から74歳の医療保険加入者（被保険者・被扶養者）が対象である。
③ 「過重労働による健康障害を防止するため事業者が講ずべき措置」として4点挙げられているが、その中に「交替勤務者の適正管理」がある。
④ 特定保健指導はメタボリックシンドローム該当者のみが対象者である。

解答欄 _____

第4問 [8] コーピングやサポートに関する次のA～Dの記述について、正しいもの（○）と誤っているもの（×）の組み合わせとして、最も適切なものを1つだけ選び、解答欄にその番号を記入しなさい。

A．部下のミスに対して一緒に対策を考えることは、道具的サポートである。
B．部下がミスに対して問題焦点型コーピングが取りやすいように助言をすることは、情報的サポートである。
C．部下の情動的興奮が認められたので、リラクセーションを勧めた。
D．部下の身体的興奮が認められたので、有酸素運動を勧めた。

① （A）× （B）○ （C）○ （D）×
② （A）○ （B）× （C）× （D）○
③ （A）○ （B）○ （C）○ （D）×
④ （A）○ （B）○ （C）○ （D）○

解答欄 _____

第4問 [9] プライバシーへの配慮に関する次の記述のうち、最も適切なものを1つだけ選び、解答欄にその番号を記入しなさい。

①　産業保健スタッフには守秘義務があり、医師は医師法、保健師・看護師は保健師助産師看護師法でそれぞれ規定されている。

②　労働者が職場復帰を希望する際に、主治医からの診断書だけでは職場復帰の可否や就業上の措置の判断が困難な場合は、「事業者は当該労働者に産業医や企業の指定する専門医などの診断や意見聴取を求めるように指示できると」という判例がある。

③　個人の健康情報を収集する際は、安全配慮義務を果たす目的であれば、本人の同意を得る必要はない。

④　「重要性・緊急性」と「プライバシーの保護」を検討し、本人の生命や健康上必要と判断されれば、特に同意を得る努力をせずに、必要最小限の情報を必要最小限の関係者に情報を提供することができる。

解答欄

第4問 [10] 管理監督者のメンタルヘルスケアに関する次の記述のうち、最も適切なものを1つだけ選び、解答欄にその番号を記入しなさい。

①　「労働者の心の健康の保持増進のための指針」(2006年、2015年改正) では、事業者は管理職をセルフケアの対象に含めないとしている。

②　昇進は喜ばしい出来事であるため、本人にとってストレスとはなり得ない。

③　自己否定的な認知のため自己表現ができないコミュニケーションパターンは、管理監督者に多くみられるものである。

④　管理監督者の立場として、自分自身のことを他人に相談することにためらいを感じることが多いため、管理監督者にも気兼ねなく相談することの大切さを伝えることも必要である。

解答欄

第4問 [11] 交替制勤務での睡眠の健康法に関する次の記述について、最も<u>不適切なもの</u>を1つだけ選び、解答欄にその番号を記入しなさい。

① 夜勤シフトに入る2日前からできるだけ早く寝るようにする。
② 夜勤明けの帰宅時には、サングラスで眼に強い光が入らないようにする。
③ 勤務時間帯が変わった初日は、就寝時間まで仮眠をとらずに我慢して起いておく。
④ 夜勤の時間帯は、できるだけ職場の照明を明るくする。

解答欄 [　　　]

第4問 [12] ストレス対処のためのコーピングに関する次の記述について、最も<u>不適切なもの</u>を1つだけ選び、解答欄にその番号を記入しなさい。

① 問題焦点型コーピングは、課題解決に直結することから好ましいコーピングといわれている。
② 情動焦点型コーピングは、ストレッサーによって引き起こされた怒りや不安などの情緒不安定を低減させる。
③ リラクセーションは、代表的な情動焦点型コーピングの一つである。
④ 問題焦点型と情動焦点型の2種類のコーピングを組み合わせて使うことはない。

解答欄 [　　　]

【第5問】 次の [1] ～ [9] の設問に答えなさい。

第5問 [1] コミュニケーションに関する次のA～Dの記述について、正しいもの
（○）と誤っているもの（×）の組み合わせとして、最も適切なものを
1つだけ選び、解答欄にその番号を記入しなさい。

A. 調子が悪いことを上司に隠していた部下が、相談対応の際にそのことを打ち明
けたということは、隠蔽領域から開放領域に移行したことになる。
B. アメリカの心理学者 Mehrabian の調査によると、コミュニケーションに与え
る影響として、言語情報は全体の7％の割合であった。
C. アサーティブの特徴に「他人本位」「自己選択で決める」「歩み寄り」がある。
D. コンピュータコミュニケーションは、対面コミュニケーションに比べて、私的
自己意識が低く、公的自己意識が高い。

① （A）○ （B）○ （C）× （D）×
② （A）○ （B）× （C）○ （D）×
③ （A）× （B）○ （C）× （D）×
④ （A）○ （B）× （C）× （D）○

解答欄

第5問 [2] ストレス反応に関する次の記述のうち、最も<u>不適切なもの</u>を1つだけ
選び、解答欄にその番号を記入しなさい。

① 人間の身体はストレス要因が加えられると、時間の経過とともに3相期に変化
する。
② ストレス要因が加えられた直後の時期は、最初に抵抗力が低下するショック相
を経て、抵抗力が高まる抗ショック相に移行する。
③ ストレス反応の変化において、抵抗期では身体の抵抗力が高まり活動性を高め
ているが、バランスは崩れている状態である。
④ 強いストレスを受けた場合は、多くの人が1週間から10日ほどでエネルギー
が枯渇して再び抵抗力が低下し、ストレス反応が現れる。

解答欄

第5問 [3]　ストレス要因を受けた際に現れるストレス反応に関する次の記述について、最も<u>不適切なもの</u>を1つだけ選び、解答欄にその番号を記入しなさい。

①　ストレス要因の刺激が長時間であったり強いときにはさまざまなストレス反応が起きるが、気づきやすさのポイントとして、心理面・身体面・行動面の変化に着目するとよい。
②　心理面の反応は、明確な形で現れにくいため、周囲の人からも気づくことは比較的難しい。
③　行動面の反応は、仕事ぶりにも影響が出ることが多く、自分では気づかなくても、管理監督者は気づきやすい。
④　危険で有害な事態に出会ったときに身を守るための身体反応を「闘争－逃走反応」といい、呼吸が速くなり、消化器系の活動が活発化する。

解答欄

第5問 [4]　部下のいつもと違う様子に関する次の記述のうち、最も<u>不適切なもの</u>を1つだけ選び、解答欄にその番号を記入しなさい。

①　部下のいつもと違う様子を捉えるには、外部の基準と照らし合わせたり、ほかのスタッフと比較して違いをみつけるのではなく、部下の特徴を時系列に捉えることが必要である。
②　残業、休日出勤が不釣合いに増えることは、いつもと違う様子の例として捉えられる。
③　ストレスの低い段階では「不安感」「イライラ感」「身体愁訴」が自覚され、中程度では「活気のなさ」が自覚され、最も高い段階では「抑うつ感」が自覚されることが多い。
④　自暴自棄になり、危険な行動をとることは、自殺を示すサインとなりうる。

解答欄

第5問 [5] 電子メールやチャットなどによるコンピューターコミュニケーションに関する次の記述について、最も<u>不適切なもの</u>を1つだけ選び、解答欄にその番号を記入しなさい。

① コンピューターコミュニケーションでは、対面コミュニケーションより公的自己意識が高い。
② コンピューターコミュニケーションは、言語的コミュニケーションである。
③ コンピューターコミュニケーションでは、「話すことで満足できる」自己充足的コミュニケーションが可能である。
④ コンピューターコミュニケーションでは、相手に「何かしてほしい」という気持ちを伝える道具的コミュニケーションが可能である。

解答欄

第5問 [6] 部下の変化に関する次の記述のうち、最も適切なものを1つだけ選び、解答欄にその番号を記入しなさい。

① 部下の不調に気づくには、上司としても精神医学の知識を身につけ、病名の特定ができることが求められる。
② 病気であるか否かの医学的判断（疾病性）と本人や周囲が困って治療を求めること（事例性）とは、ほとんど一致する。
③ 当面は相談者に苦痛を強いる解決策であっても、将来まで見通した最良の解決策を選択するべきである。
④ 相談にのるということは、相談者に関心を向け、相談者を正しい方向に導く方法を探し、相談者の成長（気づき）を促すことなので、気づきが得られている間は、継続的に関係を維持することが求められる。

解答欄

第5問 [7] 部下のメンタルヘルス不調が疑われたときの対応に関する次の記述のうち、**最も適切なもの**を1つだけ選び、解答欄にその番号を記入しなさい。

① 部下のメンタルヘルス不調の相談に対しては、できるだけ第三者に口外することなく、管理監督者だけで解決を試みることが求められる。
② 管理監督者は、相談内容を的確に把握し、問題の内容に応じて、解決のために最も安全で効果的・効率的な援助が行える人材・資源につなげることが必要であるため、一種の交通整理的な役割がある。
③ 相談の内容を正確に把握するためには、今までの相談者の行動から仮説を立て、先入観をもつことが大切である。
④ 相談者が同僚の批判をした場合、客観的な情報は必要であるが、当事者である同僚や周囲の話を聞くことは避けるべきである。

解答欄

第5問 [8] 専門家への紹介に関する次の記述について、正しいもの（○）と誤っているもの（×）の組み合わせとして、**最も適切なもの**を1つだけ選び、解答欄にその番号を記入しなさい。

A. メンタルヘルス不調の疑いがある部下を専門家へ相談に行かせることが困難な場合は、管理監督者が相談に行き、対応について助言を得る。
B. 部下が受診を拒否している場合は、本人の了解を得て家族と連絡を取り、家族から受診を説得してもらう。
C. 本人が受診を拒否し、家族も同意しない場合には、原則的には強引に受診をさせることはできない。
D. 周囲からの注意や叱責にも反発して問題行動を改めない場合でも、本人に困っている様子が見られなければ、しばらくはそのまま様子をみるようにする。

① (A) ○ (B) ○ (C) × (D) ×
② (A) ○ (B) ○ (C) ○ (D) ×
③ (A) × (B) ○ (C) × (D) ×
④ (A) ○ (B) × (C) × (D) ○

解答欄

第5問 [9] 危機対応に関する次の記述のうち、最も適切なものを1つだけ選び、解答欄にその番号を記入しなさい。

① 「何も考えられない」「どうしたらいいかまったくわからない」などという強い困惑状態を示しても、自殺の兆候とはならない。

② 職場で自殺のサインを示す従業員がいる場合は、できるだけ早く一人で帰宅させ、しばらくは休養をとるように促すことが必要である。

③ 万一、自殺が発生した場合は、遺体の発見者や自殺者と親密だった人、自殺に責任を感じている人などは、特に注意深く経過を見守り、必要に応じて専門家のケアを促すべきである。

④ 入院が必要とされるケースであっても、本人が拒否している場合は、入院させることができない。

解答欄

【第6問】 次の [1] ～ [6] の設問に答えなさい。

第6問 [1] 社内資源とその役割に関する次のA～Dの記述のうち、正しいもの（○）と誤っているもの（×）の組み合わせとして、最も適切なものを１つだけ選び、解答欄にその番号を記入しなさい。

A. 労働者が常時 500 人以上いる場合は、事業主は専属産業医を専任しなければならない。
B. 産業医は、休職者に対する復職の可否の意見、ストレスチェック制度に基づく高ストレス者の面接・指導を行う。
C. 保健師は、保健指導、メンタルヘルス対策の企画・教育、ストレスチェック制度の実施者となる。
D. 人事労務管理スタッフは、事業場内産業保健スタッフ等には含まれない。

① (A) × (B) ○ (C) × (D) ○
② (A) ○ (B) ○ (C) ○ (D) ×
③ (A) × (B) ○ (C) ○ (D) ×
④ (A) ○ (B) ○ (C) × (D) ○

解答欄

第6問 [2] 精神保健福祉センターに関する次の記述のうち、最も**不適切なもの**を１つだけ選び、解答欄にその番号を記入しなさい。

① 精神保健福祉法に基づいて設置されている。
② 各都道府県および政令指定都市に設置されている。
③ 精神保健福祉センター内に、勤労者メンタルヘルスセンターが設置されている。
④ 精神科外来診療やデイケアを実施しているところもある。

解答欄

第6問 [3] 外部ＥＡＰに関する次の記述のうち、最も適切なものを１つだけ選び、解答欄にその番号を記入しなさい。

① 外部ＥＡＰ機関が扱う問題は、メンタルヘルスを中心とした健康問題に限られる。
② 外部ＥＡＰ機関を利用することにより、より専門性の高いメンタルヘルスサービスを受けることができる。
③ 外部ＥＡＰ機関の対象は、従業員のみに限られる。
④ 外部ＥＡＰ機関が提供できる機能として、メンタルヘルス疾患の診断および治療がある。

解答欄

第6問 [4] 薬物療法に関する次の記述について、最も<u>不適切なもの</u>を１つだけ選び、解答欄にその番号を記入しなさい。

① 抗うつ薬は、有効な作用が得られる前に副作用が出現することがある。
② 抗うつ薬は、比較的短期間で効果が得られると理解する。
③ 再発防止のため、病気の状態がよくなっても、服薬の継続が必要である。
④ 「いつまでも薬に頼るな」などという間違った言葉が、治療の妨げになることもある。

解答欄

第6問 [5] 社外資源とその役割に関する次の記述について、最も適切なものを1つだけ選び、解答欄にその番号を記入しなさい。

① 産業保健総合支援センターは、全国47都道府県・政令指定都市に設置されている。
② 中央労働災害防止協会は、労働災害防止団体法に基づき設立されている。
③ 勤労者メンタルヘルスセンターは、すべての労災病院に設置されており、ストレス関連疾患の診療、相談を受けている。
④ 「こころの耳」では、電話に限定したメンタルヘルスに関する相談を行っている。

解答欄

第6問 [6] 事業場外資源との連携の必要性に関する次の記述のうち、最も適切なものを1つだけ選び、解答欄にその番号を記入しなさい。

① 事業場外資源との連携は、メンタルヘルスを専門とするスタッフがいない場合は重要となるが、事業場内に産業保健スタッフがいる場合は、特に連携する必要はない。
② 主治医より情報を収集することは必要であるが、情報を提供することは特に必要ではない。
③ メンタルヘルス教育は、事業場内産業保健スタッフが実施することにより、顔を覚えてもらい相談に結びつく効果がある。しかし、より専門的な相談や助言を得るなどの観点より、外部資源との連携を考えることも大切である。
④ 外部の医療機関と連携をとる際は、産業保健スタッフ、管理監督者、人事労務管理スタッフなどでは、連携する内容や必要とされる情報が異なるので、独自にそれぞれ連携を図ることが求められる。

解答欄

【第7問】 次の [1] ～ [5] の設問に答えなさい。

第7問 [1] 職場復帰支援に関する次のA～Dの記述について、正しいもの（○）と誤っているもの（×）の組み合わせとして、最も適切なものを1つだけ選び、解答欄にその番号を記入しなさい。

A．精神疾患の場合、完全に元の状態に回復して職場復帰するというケースはあまり多くない。
B．心の病による休業は、多くの従業員にとって働くことへの自信を失わせるできごととなるため、周囲の人は必要に応じて適宜声をかけるようにする。
C．疾病による休業によって、自己の労働観や健康管理のあり方を見つめ直すことで、症状の再燃・再発の予防につながり、仕事生活をより豊かにする機会にもなる。
D．休業中のうつ状態の労働者から辞職や役職の辞退などの申し出があった場合は、できるだけ本人の意向を尊重することが大切である。

① （A）× （B）× （C）× （D）○
② （A）○ （B）○ （C）○ （D）×
③ （A）× （B）○ （C）× （D）×
④ （A）○ （B）× （C）○ （D）○

解答欄

第7問 [2] 「心の健康問題により休業した労働者の職場復帰支援の手引き」の第2ステップで行う内容に関する次の記述のうち、最も<u>不適切なもの</u>を1つだけ選び、解答欄にその番号を記入しなさい。

① 職場復帰支援のための面接日を関係者間で調整する。
② 復帰診断書には、必要と思われる就業上の配慮事項について、具体的に記載してもらうようにアドバイスする。
③ 主治医への情報提供を行う。
④ 職場復帰の可否についての判断を行う。

解答欄

第7問 [3] 職場復帰における情報の収集に関する次の記述のうち、最も適切なものを1つだけ選び、解答欄にその番号を記入しなさい。

① 「職場復帰支援に関する情報提供依頼書」を用いることは、「心の健康問題により休業した労働者の職場復帰支援の手引き」の第4ステップで行う内容である。
② 情報提供を依頼する場合は、産業医が中心となって行うことが望ましく、産業医が選任されていない事業場では依頼することはできない。
③ 産業医が選任されている事業場では、就業上の配慮に関する意見は産業医の役割であるため、主治医に聞く内容ではない。
④ 主治医から情報を得ることについて、従業員より口頭で同意を得ていたとしても、「職場復帰支援に関する情報提供依頼書」を用いる場合は、本人が同意した署名欄が必要である。

解答欄

第7問 [4] 職場復帰支援における留意事項に関する次の記述のうち、最も適切なものを1つだけ選び、解答欄にその番号を記入しなさい。

① うつ病などを対象とした復職のためのリハビリテーションプログラムは、一部の医療機関のみで、日本ではほとんど実施されていない。
② 職場復帰した部下より、「できるだけ早く前の調子を取り戻すように頑張ります」と意欲を示されたので、その気持ちを大切にして、「早く全力を出せることを期待している」と答えた。
③ 疾病による休業は、これまでの労働観や自己の健康のあり方をみつめ直す機会にできれば、症状の再燃・再発の予防につながり、今後の仕事生活をより豊かにするきっかけともなる。
④ 休業した労働者は、自分のキャリアに関して不安をもっていたり、自信を失っていることが多いので、できるだけキャリアに関する話は避けることが望ましい。

解答欄

第7問 [5] 治療と仕事の両立支援に関する次の記述について、**最も<u>不適切なもの</u>**を１つだけ選び、解答欄にその番号を記入しなさい。

① 「治療と職業生活の両立」とは、働く意欲・能力のある労働者が、適切な治療を受けながら、生き生きと就労を続けられることである。
② 労働者の健康確保とともに、継続的な人材の確保や労働者の安心感・モチベーションの向上につながることで、生産性の向上や健康経営の実現といった意義もある。
③ 両立支援の留意事項において、労働者本人の申出は特に必要ではない。
④ 両立支援の留意事項において、育児や介護との両立支援とは異なり、労働者本人の健康状態や業務遂行能力も考慮した業務上の措置が必要となる。

解答欄

解答・解説

第1問（各2点×10＝20点）

第1問 [1] 正解：②
② 正社員は <u>61.3%</u>、契約社員は <u>55.8%</u> となっており、契約社員より <u>正社員の方が</u> <u>高く</u>なっています。

第1問 [2] 正解：③
① 連続1か月以上休職の割合は <u>6.7%</u>、また退職した労働者がいる割合は <u>5.8%</u> となっており、それぞれ <u>10%を下回って</u>います。
② 50人以上の規模の事業所では、連続1か月以上休職の割合は <u>26.4%</u>、また退職した労働者がいる割合は <u>14.6%</u> となっており、それぞれ <u>10%を上回って</u>います。
④ 「労働者のストレスの状況などについて調査票を用いての調査（ストレスチェック）」は <u>62.9%</u> であるのに対して、「労働者への教育研修・情報提供」が <u>56.3%</u> で、実施率は低くなっています。

第1問 [3] 正解：①
① 高脂血症（脂質異常症）は含まれてなく、<u>糖尿病</u>が含まれています。

第1問 [4] 正解：③
③ 1週あたり40時間を超えて行う労働が1月あたり <u>80時間</u>を超え、かつ、疲労の蓄積が認められる場合、申し出を行った労働者に対して、医師による面談指導の実施が義務づけられています。

第1問 [5] 正解：③
③ パート労働者等について正規雇用へ移行しうる制度づくり等を行うことは、<u>「就労による経済的自立が可能な社会」</u>を目指す取り組みになります。

第1問 [6] 正解：④
④ 設問は、米国立労働安全衛生研究所（NIOSH）の <u>健康職場モデル</u>と呼ばれる考え方です。なお、職業性ストレスモデルについては、第2章2節を参照してください。

第1問 [7] 正解：④
④ 活力ある職場づくりでは、「仕事の要求度」の <u>低減</u>と「仕事の資源」「個人の資源」の向上がポイントになります。従来のメンタルヘルス対策では健康障害を防

ぐために、仕事の要求度によって生じるバーンアウト（ストレス反応）の低減に注力していましたが、ワーク・エンゲイジメントに向けては、「仕事の資源」「個人の資源」の向上が重要と考えられています。

第1問 [8] 正解：④
④ 管理監督者は、計画通り運用されているかを定期的にチェックする役割であり、あくまでも PDCA サイクルを運用するのは、その組織に所属する<u>すべての人</u>です。

第1問 [9] 正解：③
③ 強くはないものの、脳・心臓疾患の発症との<u>関連性がないわけではありません</u>。過重性の評価にあたっては、付加要因として評価する必要があります。

第1問 [10] 正解：④
④ パワハラを規制する特別の法律はありませんでしたが、2019年5月に成立した<u>改正労働施策総合推進法</u>によって法律上の定義付けがされ、措置義務を課すことになりました。

第2問（各2点×4＝8点）

第2問 [1] 正解：②
① 怒りや不安を感じたときに動悸がしたり、抑うつ気分のときに食欲がなくなるのは、感情と<u>自律神経系の作用</u>が密接に関連しています。
③ 生命の危機などの強いストレッサーや不安を感じる状態に直面すると<u>交感神経系が優位</u>になり、<u>副交感神経系は睡眠</u>や休息時などに優位になります。
④ 内分泌系、自律神経系の機能が<u>亢進した状態</u>となり、免疫系の機能が<u>抑制されて</u>、身体のバランスが保てなくなります。

第2問 [2] 正解：③
① ストレス反応に影響を与えるものとして、職場のストレッサーのほか、<u>仕事以外の要因</u>、個人的要因、緩衝要因が取り入れられています。
② 高卒者は約6割ではなく、39.2％ですから約4割となります。
④ 記銘力や想起力は低下していきますが、総合的に判断する能力は、80歳に至るまで経験とともに<u>上昇を続ける</u>とされています。

第2問 [3] 正解：③
③ パニック障害には、電車に乗ることができない、人の多い場所に外出することが困難になるなどの外出恐怖や広場恐怖が認められます。

第2問 [4] 正解：④

④ 過敏性腸症候群は自律神経系の異常から起こるストレス関連疾患です。免疫系による疾患には、感冒・気管支炎や慢性扁桃炎、癌の発生などがあります。

第3問（各2点×4＝8点）

第3問 [1]　正解：②･･･（A）×（B）○（C）○（D）×
A．仕事の負荷が少なすぎる場合も、<u>ストレスの原因になり得ます。</u>
D．「<u>多能工化を図り、最低2名が同じ業務を担当できるようにする</u>」が職場環境改善に役立った具体例として挙がっています。

第3問 [2]　正解：②
② 点検・診断・確認などの合否判定に利用されている「危険箇所点検リスト」や「確認リスト」といった<u>一般的なチェックリストとは異なります。</u>

第3問 [3]　正解：②
② 「従業員に自由度や裁量権がほとんど与えられていない」は、「<u>作業内容及び方法</u>」に該当します。

第3問 [4]　正解：①
① 仕事のコントロールについても、<u>評価が行えます。</u>

第4問 [1]　正解：②

②　過重労働時間における業務と脳・心臓疾患の発症との関連は、医学的知見が得られています。なお、過重労働時間における業務と脳血管疾患・虚血性心疾患との関連は、第1章第8節の図表1−10を参照してください。

第4問 [2]　正解：①

①　「違法行為を強要された」は、心理的負荷が「中」とされています。なお、業務に関連し、心理的負荷が「強」とされる具体例として、次の4つが示されています。
・重大な違法行為（人の生命に関わる違法行為、発覚した場合に会社の信用を著しく傷つける違法行為）を命じられた。
・反対したにもかかわらず、違法行為を執拗に命じられ、やむなくそれに従った。
・重大な違法行為を命じられ、何度もそれに従った。
・強要された違法行為が発覚し、事後対応に多大な労力を費やした（重いペナルティを課された等を含む）。

第4問 [3]　正解：①

②　プライベートな問題に、職場の上司が立ち入り過ぎることはよくありません。さりげなく心身の状態を尋ねるなど、無理のない範囲で注意を向けることが必要です。

③　すべて排除することは不可能です。必要なのは、極力排除するように努めることです。

④　ストレス要因を特定するまで観察することは、適切ではありません。何らかの変化がみられた従業員に対しては、声をかけ、心身の状態を確認することが必要です。

第4問 [4]　正解：④

①　睡眠時間にこだわる必要はありません。何時間寝たかではなく、日中にしっかり目覚めて過ごせるかが目安になります。

②　寝床で長く過ごしすぎると熟眠感が減るので、自然に眠くなってから寝床に入るのがよいとされています。

③　早寝、早起きではなく、遅寝、早起きが良いとされています。

第4問 [5]　正解：②

②　個人情報保護法の義務に違反すると、国から是正勧告を受け、従わない場合には、「6ヶ月以下の懲役又は30万円以下の罰金刑」の刑事罰が科されます。また、刑事上の罰則のみならず、民事上の損害賠償責任も生じる場合があります。

第4問 [6]　正解：③

① 緊張したときや不安なときは<u>胸式呼吸</u>となり、<u>腹式呼吸</u>をすることで心身をリラックスさせることができます。

② 自己暗示の練習によって不安や緊張を軽減させ、自律神経の働きのバランスを整えるのは、<u>自律訓練法</u>です。漸進的筋弛緩法は、緊張した筋肉のこわばりを解きほぐして、心をリラックスさせる方法です。

④ 自律訓練法は、すべての公式を実施しなくても、<u>重感練習と温感練習だけでも十分</u>とされています。

第4問 [7]　正解：①

② <u>40歳から74歳の医療保険加入者（被保険者・被扶養者）</u>が対象です。

③ <u>「交替勤務者の適正管理」</u>はありません。事業者が講ずべき対策として次の4つがあがっています。

・時間外・休日労働時間の削減
・年次有給休暇の取得促進
・労働時間等の設定の改善
・労働者の健康管理に係る措置の徹底

④ 特定保健指導の対象は、メタボリックシンドローム該当者のみではなく、<u>その予備軍も対象者</u>になります。

第4問 [8]　正解：④・・・（A）○（B）○（C）○（D）○

A～D、すべて設問のとおりです。

第4問 [9]　正解：②

① 医師は医師法ではなく、<u>刑法</u>で秘密保持義務および罰則が規定されています。

③ 安全配慮義務を果たす目的であっても、健康情報を収集する際には、<u>原則として本人の同意を得る必要</u>があります。

④ 本人の同意を得るために、<u>できるかぎり努力をすることは必要</u>です。そのような努力をしても得られない場合に、必要最小限の情報を必要最小限の関係者に提供することになります。

第4問 [10]　正解：④

① 「労働者の心の健康の保持増進のための指針」では、事業者は<u>管理監督職もセルフケアの対象者として含める</u>ことや、管理監督者に対する相談対応やメンタルヘルスケアについても留意する必要があることを明記しています。

② 管理監督者のなかには、<u>昇進を機にうつ病を発症</u>する例があります。周囲から見れば喜ばしいと思える昇進も、残業代がつかなくなる、部下のマネジメントをする、責任が重くなるなど、本人にとってはストレスになることがあります。

③ 自分自身のことを他人に相談することにためらいを感じるといった、自己否定的な認知のため自己表現ができないものを、非主張的なコミュニケーションパタ

ーンといいます。管理監督者には、非主張的なコミュニケーションパターンは多くはなく、逆に、自己主張が強すぎて相手を押し込んでしまう攻撃的なコミュニケーションパターンが多いです。

第4問［11］　正解：①
① できるだけ早く寝るのではなく、遅くまで起きておくようにして、遅く寝るようにします。

第4問［12］　正解：④
④ 通常、問題焦点型と情動焦点型の2種類のコーピングを状況に合わせて選択して使っていることが多くあります。また、情動焦点型の対処行動が、問題焦点型の対処法につながりやすいとされています。

第5問（各2点×9＝18点）

第5問［1］　正解：①…（A）○（B）○（C）×（D）×
C.「他人本位」は、アサーティブではなく、非主張的な自己表現の特徴です。
D. コンピュータコミュニケーションは、私的自己意識が高く、公的自己意識が低くなるとされています。

第5問［2］　正解：③
③ 抵抗期は、心身の活動が活発で一定の安定が確保されている状態なので、バランスを保っている状態です。

第5問［3］　正解：④
④ 「闘争―逃走反応」時には、生体防御のため交感神経の働きが活性化し、副交感神経系が抑制されるため、消化器系の活動は抑制されます。

第5問［4］　正解：③
③ ストレスの低い段階では「活気のなさ」が自覚され、中程度では「不安感」「イライラ感」「身体愁訴」が自覚されることが多いです。

第5問［5］　正解：①
① コンピューターコミュニケーションでは、公的自己意識は低くなります

第5問［6］　正解：③
① 管理監督者は、部下の病名を特定する必要はなく、何らかのメンタルヘルス不調に陥っている疑いがあることに気づくことが求められています。
② 疾病性と事例性は、必ずしも一致するものではありません。
④ 相談者が問題の解決策に気づいた時点で、いったん終了させることができます。

また、問題が解決した時点で、終了すべきです。

第5問 [7] 正解：②

① 管理監督者だけで対応するのは危険です。できるだけ早く専門家につなげることが管理監督者に求められている役割です。

③ 相談を受ける側が先入観をもってはいけません。先入観を捨て、中立性を保つことが必要です。

④ 客観的な情報を収集するために、当事者である同僚や周囲の人の話を聞くことも必要となります。

第5問 [8] 正解：②・・・（A）○ （B）○ （C）○ （D）×

D. 本人に困っている様子が見られなくても、職場管理上問題となる行動が認められるのであれば、しかるべき医療機関を受診するように命じることができます。本人が受診を拒否する場合は、原則として家族に状況を説明して、家族の理解を得て受診につなげるようにします。

第5問 [9] 正解：③

① 「何も考えられない」「どうしたらいいかまったくわからない」などという強い困惑状態は、自殺を示唆するサインであり、自殺の危険が差し迫っている可能性があります。

② 自殺のサインを示す従業員は、一人で帰宅させてはなりません。上司などが自宅まで送り届けるか、家族に職場まで来てもらい、本人から目を離さないようにします。そして、1日でも1時間でも早く専門医に受診するように話します。

④ 本人が拒否していても、家族の同意があれば、精神保健福祉法による医療保護入院が可能です。

第6問（各2点×6＝12点）

第6問 [1] 正解：③・・・（A）× （B）○ （C）○ （D）×

A. 労働者が常時500人ではなく、1,000人以上いる場合に事業主は専属産業医を専任しなければなりません。一部の有害業務がある場合には、500人以上で専属産業医の選任が必要です。

D. 事業場内産業保健スタッフ等には、人事労務管理スタッフは含まれます。

第6問 [2] 正解：③

③ 勤労者メンタルヘルスセンターは、労災病院の一部に設置されています。

第6問 [3] 正解：②

① 外部EAP機関が扱うのは、メンタルヘルスを中心とした健康問題だけでなく、メンタルヘルス以外の健康問題や、結婚・家族問題、経済問題、アルコール・ド

ラッグ中毒問題、法的問題、対人関係問題、ストレス問題など、<u>幅広い個人的な問題</u>であり、これらを解決する手助けをします。
③　外部ＥＡＰ機関の対象は、従業員のみではなく、<u>組織のリーダーや組織全体を</u>対象としています。さらに、家族も対象としている機関もあります。
④　メンタルヘルス疾患について、診断および治療を提供する機能は<u>ありません。</u>労働者の心の健康問題に関する評価を行い、<u>評価に応じて、適切な医療機関や相談機関を紹介する</u>ことになります。

第6問［4］　正解：②
②　抗うつ薬は、効果がでるまで時間がかかると考えておく必要があります。2〜4週間継続して経過をみて、効果があれば継続し、なければ増量して経過をみます。増量しても効果がなければ薬剤を変更します。

第6問［5］　正解：②
①　産業保健総合支援センターは、<u>全国 47 都道府県</u>に設置されています。
③　勤労者メンタルヘルスセンターは、<u>一部の労災病院</u>に設置されています。
④　「こころの耳」では、電話相談だけではなく、<u>SNS 相談やメール相談も実施し</u>ています。

第6問［6］　正解：③
①　事業場内に産業保健スタッフがいる場合であっても、<u>より専門的な助言を得る</u><u>こと</u>が必要となるケースがあるので、連携は必要となります。
②　主治医に対して情報を提供することも<u>必要です。</u>的確な情報提供をすることで、必要な業務上の配慮を相談することができたり、適切な治療に結びついたり、復職後の再発防止に役立つなど、さまざまな効果が期待できます。
④　連携をとる際にそれぞれが別々に関わると、医療機関に負担を与えるだけではなく、情報内容の解釈がずれて混乱を生じることもありますので、<u>窓口を一本化</u>することが大切です。

第7問（各2点×5＝10点）

第7問［1］　正解：②・・・（A）○（B）○（C）○（D）×
D．辞職や役職の辞退などは、うつ状態のときに判断するものではなく、<u>健康状態が回復してから判断する</u>ことが望ましいです。休業中は安心して療養に専念するように、働きかけることが大切です。

第7問［2］　正解：④
④　職場復帰の可否についての判断は、<u>第3ステップ</u>の内容です。

第7問［3］　正解：④

① 「職場復帰支援に関する情報提供依頼書」を用いることは、第3ステップの内容です。

② 産業医が選任されていなくても、情報提供を依頼することはできます。安全配慮義務を履行するために必要な最小限の情報に絞り込み、情報交換の目的と内容を従業員に説明し、本人の同意を得たうえで連携を図ります。

③ 産業医が選任されていたとしても、主治医より就業上の配慮に関する意見を聞くことは必要です。そのうえで、産業医が意見書としてまとめることになります。

第7問 [4]　正解：③

① 医療機関以外でも、精神保健福祉センター、外部ＥＡＰ機関、ＮＰＯ（民間非営利組織）などで試行されています。

② 最初から気負いすぎることはよくありません。調子を見ながらゆっくりペースをあげていけばよいことを伝えることが必要です。

④ 疾病による休業は、従業員のキャリアデザインの見直しを迫る機会となることがあります。管理監督者は、今までの本人の働き方や経験などを丁寧に聴くことで、問題点などが整理できたり、心の支えにもなります。

第7問 [5]　正解：③

③ 両立支援は、私傷病の疾病に関するものであるため、労働者本人の申出から取り組むことが基本になります。

索引

【著者紹介】

●見波　利幸（みなみ　としゆき）

大学卒業後、外資系コンピュータメーカーなどを経て、98 年に野村総合研究所に入社。メンタルヘルスの黎明期より管理職向けの 1 日研修を実施するなど日本のメンタルヘルス研修の草分け的な存在。また、カウンセリングや職場復帰支援、カウンセラー養成の実技指導、海外でのメンタルヘルス活動など活動領域は多岐にわたる。2015 年一般社団法人日本メンタルヘルス講師認定協会の代表理事に就任し、メンタルヘルス講師の養成に尽力している。

一般社団法人日本メンタルヘルス講師認定協会

http://www.j-mot.or.jp/

〈所属〉
・一般社団法人日本メンタルヘルス講師認定協会　代表理事
・日本産業ストレス学会　正会員
・日本産業カウンセリング学会　正会員
・日本産業カウンセラー協会　正会員（シニア産業カウンセラー）
・中央労働災害防止協会　心理相談員（ＴＨＰ指導者）
・２級キャリアコンサルティング技能士

〈著書〉
・『なぜか、やる気がそがれる問題な職場』青春出版社
・『心を折る上司』KADOKAWA
・『究極のモチベーション』清流出版
・『上司が壊す職場』日本経済新聞出版社
・『やめる勇気』朝日新聞出版社
・『心が折れる職場』日本経済新聞出版社
・『劣化するシニア社員』日本経済新聞出版社
・『「新型うつ」な人々』日本経済新聞出版社
・『メンタルヘルス・マネジメント® 検定試験Ⅲ種（セルフケアコース）重要ポイント＆問題集』
　日本能率協会マネジメントセンター
・『メンタルヘルス・マネジメント® 検定試験Ⅰ種（マスターコース）重要ポイント＆問題集』
　日本能率協会マネジメントセンター
　他、多数

【共同執筆者】

●大濱　弥太郎（おおはま　やたろう）

メーカー系商社に入社。法人営業、官公庁営業を経て、ソリューション部門で長年管理職に携わる。個人と組織を健全に成長させるためには、日々のマネジメントにおいて、部下に対するメンタルヘルスマネジメント、モチベーションマネジメント、コミュニケーションマネジメントが重要であると痛感し、知識とケーススタディ等を組み合わせた実践的研修に取り組んでいる。

一般社団法人日本メンタルヘルス講師認定協会　マスター メンタルヘルス講師、初級睡眠健康指導士

改訂4版　メンタルヘルス・マネジメント®検定試験
II種（ラインケアコース）重要ポイント&問題集

2021年8月30日　　　初版第1刷発行

著　者 —— 見波　利幸、大濱　弥太郎
　　　　　© 2021 Toshiyuki Minami, Yataro Ohama
発行者 —— 張 士洛
発行所 —— 日本能率協会マネジメントセンター

〒103-6009 東京都中央区日本橋2-7-1　東京日本橋タワー
T E L　03(6362)4339(編集)／03(6362)4558(販売)
F A X　03(3272)8128(編集)／03(3272)8127(販売)
https://www.jmam.co.jp/

装　丁 —— 藤塚尚子
本文DTP —— タイプフェイス
印刷所 —— シナノ書籍印刷株式会社
製本所 —— ナショナル製本協同組合

ISBN 978-4-8207-2946-4 C3034
落丁・乱丁はおとりかえします。
PRINTED IN JAPAN

マンガでやさしくわかる メンタルヘルス

武藤 清栄 著／永山 たか シナリオ／椎名 作画

四六判224頁

メンタルヘルスの問題は誰にとっても他人事ではありません。本書は、身近に起こりうる心の病、悩みなどをバーに集う人達が織りなす6つのストーリーでさわやかに描きます。併せて詳しい解説を読むことで、メンタルヘルスの基本が学べます。

マンガでやさしくわかる 認知行動療法

玉井 仁 著／星井 博文 シナリオ／深森 あき 作画

四六判240頁

うつ病やパニック障害などの精神疾患の治療法としてだけでなく、不安やモヤモヤ、イライラなど日常の心の問題に対処する精神療法として注目されている「認知行動療法」をマンガのストーリーと詳しい解説で気軽に学べる1冊です。治療の過程で使える「状況整理シート」なども掲載。

ケアストレスカウンセラー公式テキスト

一般社団法人クオリティ・オブ・ライフ支援振興会 著
一般財団法人職業技能振興会 監修

A5判312頁

現代のストレス社会では、社会全体でケアが必要とされる、年齢や環境によって異なる心の問題に対し、専門的で的確な支援が行える人材が求められています。本試験は、カウンセリングの現場で働く人のスキルアップや、個人のストレス対策にも役立つ内容で、本書はその公式テキストです。

改訂3版 メンタルヘルス・マネジメント® 検定試験
Ⅲ種（セルフケアコース）重要ポイント&問題集

見波 利幸 佐藤 一幸 著

A5判160頁

Ⅲ種（セルフケア）試験は、一般社員を対象に自らのメンタルヘルス対策の推進をするものです。本書は、試験の出題傾向を分析し、重要事項を項目ごとに整理・解説し、過去問題や模擬問題を収録した、受験者必携の教材です。2021年7月発刊の『公式テキスト第5版』に完全対応しています。

日本能率協会マネジメントセンター